高校学生管理工作的创新性研究

姚爱华　倪　璞　李　勇◎著

文化发展出版社
Cultural Development Press
·北京·

图书在版编目（CIP）数据

高校学生管理工作的创新性研究 / 姚爱华，倪璞，李勇著. — 北京 : 文化发展出版社，2023.10
ISBN 978-7-5142-4147-1

Ⅰ. ①高… Ⅱ. ①姚… ②倪… ③李… Ⅲ. ①高等学校－学生－学校管理－研究 Ⅳ. ①G645.5

中国国家版本馆 CIP 数据核字 (2023) 第 214522 号

高校学生管理工作的创新性研究

姚爱华 倪 璞 李 勇 著

出 版 人：宋 娜
责任编辑：侯 娜　　责任校对：岳智勇
责任印制：邓辉明　　封面设计：守正文化
出版发行：文化发展出版社（北京市翠微路 2 号 邮编：100036）
网　　址：www.wenhuafazhan.com
经　　销：全国新华书店
印　　刷：天津和萱印刷有限公司

开　　本：710mm×1000mm 1/16
字　　数：200 千字
印　　张：10.25
版　　次：2024 年 3 月第 1 版
印　　次：2024 年 3 月第 1 次印刷

定　　价：72.00 元
ISBN：978-7-5142-4147-1

◆ **如有印装质量问题，请电话联系：010-58484999**

作者简介

姚爱华，女，1977 年 10 月出生，江苏省盐城市人，毕业于东北师范大学，现任盐城工学院讲师。研究方向：教育管理、行政管理、学生管理等。主持并在研江苏省高校哲学社会科学研究一般项目一项，参与并完成江苏省高校哲学社会科学研究重大项目一项、教育部产学研合作协同育人项目一项，发表论文数篇。

倪璞，女，1975 年 10 月出生，江苏省盐城市人，毕业于苏州大学，现任盐城工学院讲师。研究方向：管理学。参与并完成教育部人文社会科学研究青年基金项目一项、江苏省教育科学规划课题一项，发表论文多篇。

李勇，男，1975 年 4 月出生，吉林省长春市人，毕业于东北师范大学，现任盐城工学院副教授。研究方向：艺术教育。主持并完成教育部产学研合作协同育人项目一项，多次指导学生在国家级学科竞赛中获奖，发表论文十余篇。

前　言

近年来，随着社会不断发展，时代不断进步，各行各业对人才的要求也逐步提高。所以，高校需重视自身的管理模式，加强人才的培养工作。高校学生管理工作需要覆盖学生思想、日常生活和学习等多个方面，它不仅涉及学校内部的科研、后勤等部门，还与家庭和社会密切相关。所以，学生管理工作需要多方协同合作，开展全方位管理。学生管理工作需要进行统筹规划，并在多方面进行协调。高等教育要在教育和管理两方面齐头并进，二者相互支撑、互为补充、缺一不可。教育为管理提供了前提，管理则在教育的基础上实施。教育是培育高素质人才的方法，而管理则是实现教育目标的基本保障。

在某种程度上，高等教育的管理工作可视为某种教育，其目的都是培育人才。为了实现教育目标，高校需要将教育和管理融为一体，充分体现在学生各个方面的培养中。只有做到这点，才能造就道德高尚、思想开阔、知识丰富、遵守纪律的杰出人才。时代的不断发展促使高等教育必须转型，摒弃以往的管理模式，以满足现代社会的需求。因此，高校应注重创新管理模式，以提高教学水平、培育杰出人才为目标，更好地将学生所学理论知识与实践相结合，开展具有创新性的管理活动。

本书共六章。第一章为高校学生管理工作概述，介绍了高校学生管理的内涵和价值、高校学生管理的原则和理念、高校学生管理的过程与方法三个方面的内容。第二章为高校学生德育工作管理，阐述了高校学生德育工作管理的内涵、特征及意义，高校学生德育工作的问题与困境，高校学生德育工作的方法与策略。第三章为高校学生心理健康管理，依次介绍了高校学生心理健康管理的核心概念与理论基础、高校学生群体的心理特征及管理的主要措施、高校学生心理健康管理体系的系统构建三个方面的内容。第四章为高校学生危机事件管理，论述了高校学生危机事件的内涵、特点、类型及理论基础，高校学生危机事件管理的基本原则和注意事项，高校学生突发事件处理的有效路径。第五章为高校学生就业管理，主要介绍了高校学生就业管理的内涵、意义和基本原则，高校学生就业管理的创新性思路，高校学生电子就业管理模式的构建三个方面的内容。第六章为高校学生管理工作的创新性探索，详细阐释了“互联网 +”时代高校学生管理工作创新发展、“微时代”背景下高校学生管理工作创新发展、大数据时代高校学生管理工作创新发展、高等教育大众化背景下高校学生管理工作创新发展。

在撰写本书的过程中，作者得到了许多专家学者的帮助和指导，在此表示真诚的感谢。由于作者水平有限，书中难免会有疏漏之处，希望广大同行及时指正。

姚爱华

2023 年 6 月

目　录

第一章　高校学生管理工作概述

管理是一门科学，高校学生管理是一个由系列管理活动按一定顺序结合而成的系统组织过程。高校学生管理是高校为实现人才培养目标而面向大学生实施的特殊的管理活动，有其特定的内涵和重要价值，遵循适当的理念和原则，对于确保高校学生管理工作的正确方向，实现管理质量与效率的提高有重要意义。同时，高校学生管理是一个包括决策、计划、组织、控制等环节的动态过程，在此过程中需要运用各种行之有效的管理方法。

第一节　高校学生管理的内涵和价值

一、高校学生管理的内涵

（一）高校学生管理的定义

管理，就其字面意义而言，就是管辖、处理的意思。由于管理涉及的面极其广泛，所以人们往往按照某种需要、从某种角度来看待和谈论管理，因而，对管理也就形成了多种不同的解释。

综合各种观点，管理是在一定的社会组织中，人们通过决策、计划、组织和控制，有效地利用人力、物力、财力、时间和信息等各种资源，以达到预定目标的一种社会活动过程。

高校学生管理是高校管理的一个重要组成部分，也是高等学校人才培养工作的一个重要环节。因此，高校学生管理既具有管理的一般本质，又有其自身的特殊本质。这主要表现在以下几方面。

第一，高校学生管理是在高校这一特定的社会组织中进行的。

任何管理活动都是在一定的社会组织中进行的。实际上，管理活动就根源于社会组织中协调组织成员的相互关系和个人活动的必要性。正如马克思所说："凡是有许多人进行协作的劳动，过程的联系和统一都必然要表现在一个指挥的意志上，表现在各种与局部劳动无关而与工场全部活动有关的职能上，就像一个乐队要有一个指挥一样。”① 高校是系统培养专门人才的社会组织，大学生的教育和培养是其首要任务。高校学生管理也是高校为实现这一任务而进行的特殊的管理活动。

第二，高校学生管理的目的是实现高校的人才培养目标，促进大学生的全面发展。

管理都有一定的目的，管理的目的是实现一定社会组织的某种预定目标。世界上既不存在无目标的管理，也不可能实现无管理的目标。高校学生管理作为高校人才培养工作的一个重要环节，其目的就是要实现高校在人才培养方面的预定目标，促进大学生的全面发展，使之成为德、智、体、美、劳全面发展，富有创新精神和实践能力的中国特色社会主义事业的建设者和接班人。

第三，高校学生管理的实质是要有效地利用学校的各种资源，为大学生的成长成才提供指导和服务。

高校学生管理的任务是为大学生顺利完成学业、健康成长成才提供各个方面的指导和服务，包括对大学生行为和大学生群体的指导、为家庭经济困难学生提供的资助服务、为毕业生提供的就业服务等。为此，就需要通过科学的决策、计划、组织和控制，有效地利用学校的各种资源，包括人力、物力、财力、时间和信息等。

综上所述，所谓高校学生管理，也就是指高校为实现人才培养目标，促进大学生全面发展，通过决策、计划、组织和控制，有效地利用各种资源，为大学生成长成才提供各种指导和服务的社会活动过程。

（二）高校学生管理的特点

高校学生管理作为高校为实现人才培养目标而为大学生提供的指导与服务的社会活动过程，有其自身显著的特点。

1．突出的教育功能

高校学生管理是高校人才培养工作的重要组成部分，因此，高校学生管理既具有管理的属性，又具有教育的属性，具备突出的教育功能。

首先，高校学生管理的目标服从和服务于大学生教育的目标。大学生是为了

① 马克思．资本论[M]．徐靖喻，译．北京：煤炭工业出版社，2016．

接受大学教育而跨进大学之门的，高校学生管理则是高校为实现大学生教育目标，促进学生圆满完成大学学业而实施的特殊管理活动。因此，高校学生管理的目标必然服从和服务于大学生教育的目标。

其次，教育方法在高校学生管理方法体系中具有突出的作用。教育方法是包括高校学生管理在内的现代管理活动中广泛使用的一种方法。这是因为，一切管理活动都离不开人，而人是有思想的，人的活动总是由一定的思想意识支配。因此，任何管理活动都要坚持思想领先的原则，注意做好人的思想工作，通过影响人的思想去引导和制约人的活动。而高校学生管理作为大学生教育和培养工作系统中的一个重要组成部分，也就必然要更加注重运用教育的手段，以增强高校学生管理的实效性。

最后，高校学生管理过程同时也是教育大学生的过程。高校是教育和培养专门人才的场所，一切工作都应当对学生起到良好的教育作用。高校学生管理过程中所贯彻的以人为本、民主法治、公正和谐的理念，所体现的从学校和学生的实际出发、遵循教育规律和管理规律、实事求是的科学精神，所采用的民主管理、依法管理、科学管理的方法等都会对学生产生潜移默化的影响。高校学生管理过程中所实行的依据大学生成长成才的规律和要求制定的各项规章制度，都会对大学生起到思想指引、动机激励和行为规范的作用。高校学生管理过程中管理人员的情感、态度和言行也会对大学生起到表率和示范作用。可见，高校学生管理的过程同时也是教育学生的过程，并直接影响大学生思想品德的形成与发展。

2. 鲜明的价值导向

高校学生管理是为社会培养人才提供服务的，其目的、体制和形式总是受到社会经济基础、政治制度和意识形态的制约。因此，高校学生管理必然具有鲜明的价值导向。它体现了社会的主导价值体系，并直接影响大学生价值观的形成、变化与发展。具体地说，高校学生管理的价值导向主要体现在以下几个方面。

（1）管理目标

目的性是人类实践活动的基本特征。而人的实践活动的目的，总是基于一定的需要和对实践对象的属性及其变化趋势的认识与判断，因而总是体现一定的价值观念。高校学生管理的目的同样如此。事实上，高校学生管理的目的以及整个目标体系，都是基于一定的价值观念确定和设计的，都体现着一定的价值观念和价值追求。因而，高校学生管理的价值导向不仅对管理者的管理行为和大学生的日常行为起着导向、激励和评价作用，而且会对大学生价值观的形成和发展起到重要的引导和促进作用。

同时，高校学生管理是大学生教育的重要环节。为谁培养人，培养什么样的人，始终是高校教育的首要问题，当然也是高校学生管理的首要问题。显然，对这个问题的解决，必然鲜明地体现着一定的价值观念和价值追求。在我国现阶段，也就是要体现社会主义核心价值体系，体现实现中国特色社会主义的共同理想对人才培养的要求。因而，我国高校学生管理的目标也必然要体现社会主义的价值导向。

（2）管理理念

高校学生管理理念是高校学生管理的指导思想，直接制约着高校学生管理的原则和方法。而高校学生管理理念也总是体现了社会的价值体系，并往往是社会的先进的价值观念在高校学生管理中的贯彻和体现。例如，高校学生管理中的“以人为本”的理念，就是党所坚持的“以人为本”的价值观念在高校学生管理中的贯彻和体现。在高校学生管理中全面贯彻“以人为本”的理念，坚持做到“关心人、尊重人、依靠人、发展人、为了人”，必然会对学生正确认识人的价值，确立“以人为本”的价值观念产生积极影响。

（3）管理制度

科学的规章制度，是高校学生管理的基本手段，是高校学生管理规范化、制度化和法治化的基本保证和主要标志。而管理规章制度总是人们在一定的价值观指导和影响下制定出来的，总是体现着一定的价值导向，具体表现为要求大学生做什么，不做什么；鼓励和提倡做什么，反对和禁止做什么；奖励什么样的行为和表现，惩罚什么样的行为和表现；等等。高校学生管理制度中的这些规定无不体现着鲜明的价值导向。

3. 复杂的系统工程

同任何管理活动一样，高校学生管理也是一项系统工程，具有整体性、层次性、动态性和开放性。同时，高校学生管理又有其特殊的复杂性，因而是一项十分复杂的系统工程。

（1）高校学生管理的任务是复杂的

既要紧紧围绕大学生的中心任务，加强对学生学习行为和实践活动的管理和引导，又要切实为大学生的健康成长着想，加强对学生日常行为包括交往行为、消费行为、网络行为的管理和引导，及时发现、纠正和妥善处理学生的异常行为；既要加强对大学生现实群体包括学生班级、学生党团组织、学生社团和学生生活园区的管理和引导，又要适应网络时代的新情况，加强对大学生以网络为平台形成的虚拟群体的管理和引导；既要对大学生在校园内的安全加强管理和引导，又要为大学生在校外的安全提供必要的指导；既要做好面向全体学生的奖学金评定工作，以充分调动学生的学习积极性，又要做好面向家庭经济困难学生的资助工作，以帮助他们顺利完成学业；既要引导新生科学制定职业生涯规划，明确努力的具体目标，又要为毕业生提供就业、创业指导和服务，使学生能够在合适的岗位上施展自己的才华、实现自身的价值。总之，高校学生管理渗透于大学生专业学习和日常生活的各个方面，贯穿于大学生培养工作的所有环节和全部过程，其任务是复杂而又艰巨的。

（2）大学生是具有明显差异和鲜明个性的

高校学生管理的对象是大学生，而大学生则有着显著的差异和鲜明的个性。他们有其特殊的精神世界和思想感情，有不同的气质、性格、兴趣、爱好和习惯。即使是同一个年级、同一个专业、同一个班级的学生，由于他们各有其自己特殊的生活条件和生活经历，他们的思想行为也各有其特点。同时，随着自主意识的增强，大学生普遍崇尚个性，追求个性的自由发展。对同一学生而言，不同的阶段也有不同的特点。因此，高校学生管理就不可能按照完全统一的要求、规格和程序来进行，而要善于根据大学生的个性特点，因人制宜，因势利导，有针对性地开展工作。这就使高校学生管理具有了特殊的复杂性。

（3）影响大学生成长的因素是复杂的

高校学生管理的目的是要促进大学生的健康成长，而影响大学生成长的，不仅有学校教育因素，还有外部环境因素。外部环境的构成因素是复杂的。在现实世界中，所有与大学生的学习、生活、活动和交往有关的环境因素，都会或多或少地对大学生的成长产生影响。其中，有社会的因素，也有自然的因素；有物质的因素，也有精神的因素；有经济的、政治的因素，也有文化的因素；有国际的、国内的因素，也有家庭的、学校周边社区的因素；有现实的因素，也有历史的因素。尤其是随着现代信息技术的迅猛发展，世界越来越紧密地联系在一起，大学生可以方便快捷地获取来自世界各地的信息。因而，影响大学生思想行为及其成长的环境因素也就更为广泛，更为复杂。

同时，外部环境对大学生的影响也是复杂的。一是其影响的性质具有多重性。其中，既有积极影响，又有消极影响，二者往往交织在一起，同时发生作用。而且，同样的环境因素对于不同的大学生可能会产生不同性质的影响。例如，家境优渥对许多大学生来说是顺利完成学业的有利条件，但对有的大学生来说则成为铺张浪费、过度消费甚至不思进取、荒废学业的重要原因。二是其影响的方式具有多样性。既有直接的影响，又有间接的影响；既有显性的影响，又有隐性的影响；

有通过对大学生思想情感的培养起到作用的，有通过对大学生行为的约束起到作用的。凡此种种，不一而足。因此，在高校学生管理过程中，管理者不仅要善于对大学生的学习和生活进行正确的指导，而且要善于正确认识和有效调控各种环境因素对大学生的影响，尽可能充分地利用其对大学生的积极影响，防止、抵御和转化其消极影响。显然，这是一项十分复杂的工作。

4. 显著的专业特色

高校学生管理传统上是经验性的事务型工作，但由于高校学生管理有其特殊的管理对象、特殊的内在规律和特有的方法体系，决定了必须形成高校学生管理专业视角、使用专业方法、形成专业研究模式。所以，高校学生工作管理是专业性很强的工作。

（1）高校学生管理有其特殊的管理对象

高校学生管理的对象是大学生，而大学生则有着区别于一般管理对象的显著特点。

一是大学生是具有高度自觉能动性的人。大学生具有强烈的自主意识、突出的独立意向和较高的智力发展水平，崇尚独立思考，要求自主自治。在高校学生管理过程中，大学生不仅仅是接受管理的对象，也是积极活动的主体。对于管理的要求和规章，对于管理者施加的督促，他们总要经过自己的思考，做出自己的评价、选择和反应。更重要的，他们还会主动积极地参与到管理活动中来，自觉地接受管理和实行自我管理。这就要求在高校学生管理中必须着力激发和引导大学生的自觉能动性，使他们能够自觉地顺应高校学生管理的目标和要求，主动接受管理，积极开展自我管理。

二是大学生是正处于成长和发展关键时期的人。他们的心理日趋成熟但尚未完全成熟，智力迅速发展，情感日益丰富，自我意识显著增强，但又存在着诸如理智与情绪的矛盾、自我期望与自身能力的矛盾等心理矛盾。他们正处于思考、探索和选择之中，世界观、人生观和价值观正在形成，思想活动具有显著的独立性、敏感性、多变性、差异性和矛盾性。他们即将走上社会，正在做进入职场、全面参与社会劳动实践的最后准备。

可见，大学生有着既不同于少年儿童，又区别于成人的特点。同时，也正由于大学生还处于趋向成熟的过程之中，因而在他们身上又蕴藏着各个方面发展的极大的可能性，有着巨大的发展潜力。这就要求在高校学生管理中，要针对大学生的特点，切实加强并科学实施对大学生的指导和服务，以促进他们的健康成长，并使他们的身心获得最佳的发展。

三是大学生是以学习为主要任务，并在教师的指导下进行自主学习的人。大学生的主要职责是学习，大学生的学习是由教师指导的、按照一定的制度和规定有目的、有计划、有组织地进行的。同时，大学生可以按照学校的有关规定自主地选修课程，自主地支配大量的课外学习时间。因而，大学生的学习不仅需要掌握科学的学习方法，而且需要高度的学习自觉性和有效的自我管理。这就要求高校学生管理紧紧围绕大学生的学习任务，切实加强对大学生学习行为的指导和管理。

（2）高校学生管理有其特殊的内在规律

这是由高校学生管理自身的特殊矛盾决定的。高校学生管理的特殊矛盾就是社会基于对专门人才的需要而对大学生在行为方面的要求与大学生行为实际状况之间的矛盾。这一矛盾存在于一切高校学生管理的活动之中，贯穿于一切高校学生管理过程的始终，决定着高校学生管理的全局。它构成了高校学生管理的基本矛盾，也是高校学生管理区别于其他社会实践活动的特殊矛盾。高校学生管理就是为解决这一矛盾而专门进行的特殊社会实践活动。因此，高校学生管理作为一种管理活动，固然要遵循管理的一般规律，但又有其区别于其他管理活动的特殊规律。高校学生管理作为一种人才培养的手段，固然要遵循教育的一般规律，但又有其区别于其他教育活动的特殊规律。这就需要对高校学生管理的特殊规律进行专门的探索和研究。高校学生管理理论研究的任务，就是要揭示高校学生管理的特殊规律。

（3）高校学生管理有其特有的方法体系

高校学生管理所具有的特定的管理对象和特殊的管理规律，决定了高校学生管理有其特有的方法体系。由于高校学生管理工作涉及面极其广泛，具有很强的综合性，因而需要掌握管理学、教育学、心理学、社会学等多方面的理论方法和技术。但高校学生管理的方法体系又不是这些学科方法和技术的简单拼凑和机械相加，而是需要在系统掌握这些学科理论、方法和技术的基础上，针对大学生的特点，依据高校学生管理的特殊规律和具体实际，把它们有机地结合起来加以综合运用，从而形成自己特有的方法体系。

（三）高校学生管理的目标

高校学生管理目标是一定时期内实施高校学生管理活动所要达到的预期结果。高校学生管理目标是高校学生管理过程的指向、核心和归宿，规定着高校学生管理的方向和任务，制约着高校学生管理的手段和方法。科学地确定并正确地把握高校学生管理的目标，是实施高校学生管理的前提，是提高高校学生管理效益的关键。

1. 确定高校学生管理目标的依据

高校学生管理目标作为高校学生管理活动所要达到的预期结果，其形式是主观的，但它的确定并不是主观随意的，而是围绕高校的人才培养目标，依据社会发展的客观要求和大学生自身发展的客观需要而制定出来的。

高校的人才培养目标，是确定高校学生管理目标的直接依据。高校的人才培养工作是一个十分复杂的系统工程，高校学生管理作为这一系统工程的重要组成部分，其目的就是要通过为大学生提供各种指导和服务，以保证学校人才培养目标的实现。因此，高校学生管理目标的确定也就必然要以高校的人才培养目标为依据。实际上，高校学生管理目标也就是高校人才培养目标在高校学生管理领域中的体现和具体化。

社会发展的客观要求，是确定高校学生管理目标的根本依据。这是因为，高校的人才培养目标，归根到底是由社会发展的客观要求决定的。同时，大学生发展的基本趋势和总体状况归根到底取决于社会发展的状况及其对人才素质的客观要求。而高校学生管理的实质就是要引导和帮助大学生充分利用社会所提供的各种条件发展和完善自己，以适应社会发展的客观要求。我国正处于并将长期处于社会主义初级阶段。建设社会主义现代化国家，实现中华民族的伟大复兴，需要德、智、体、美、劳全面发展的专门人才。我国社会主义事业发展的这种客观要求，是制定高校学生管理目标的根本依据。

大学生自身发展的需要，是确定高校学生管理目标的重要依据。高校学生管理目标的确定，在主要依据社会发展需要的同时，还应当兼顾大学生自身发展的需要。

第一，大学生是正处于发展之中的、具有鲜明个性的人。他们都有自己的思想感情、兴趣爱好和理想追求，都有发展自己的迫切需要。社会主义和共产主义的本质也就是要使人的个性得到充分、自由的发展。因此，高校学生管理的目标也就必然要体现大学生自身发展的需要。

第二，大学生既是管理的对象，又是能动的主体。高校学生管理目标能否实现，关键就看它能否激发大学生自我管理的主动性和积极性。为此，高校学生管理目标，就必须体现大学生自身发展的需要。只有这样，外在的管理目标才能转化为大学生自身的内在追求，从而激励大学生自觉地开展自我管理，不断地奋发努力。

2. 高校学生管理的目标体系

高校学生管理目标按其地位和作用范围，可分为总目标和分目标。高校学生管理的总目标是高校学生管理的全部活动所要达到的预期结果。高校学生管理的分目标则是各个领域、各种层次以及各个阶段的高校学生管理活动分别所要达到的预期结果。总目标是分目标的基本依据，分目标是总目标的分解和具体化；总目标调节和控制着分目标的执行，总目标的实现又有待于各个分目标的实现。高校学生管理的总目标和分目标相互联系、相互作用，构成了高校学生管理的目标体系。

为维护高校正常的教育教学秩序和生活秩序，保障学生身心健康，促进学生德、智、体、美、劳全面发展，2017 年教育部颁布了新修订的《普通高等学校学生管理规定》，规定了现阶段我国普通高校学生管理的总目标。

维护高校正常的教育教学秩序和生活秩序，是高校学生管理的直接目标。任何管理活动的直接目标或第一个目标都是建立和维护组织的正常秩序。事实上，管理活动的产生首先就是为了规范和协调人的行为，以使组织的各项活动能够围绕组织的目标，按照一定的制度和规定有条不紊地进行。这就像一个乐队总要有一个指挥，而指挥的目的首先就是要使乐队全体成员的演奏都能够按照乐谱的规定和要求有序地进行。同样，高校学生管理的直接目的是要引导、规范和调控大学生的行为，建立和维护高校正常的教育教学和生活秩序，以使学校的各项教育教学活动和学生的学习与生活能够有序地进行。

保障学生的身心健康，是高校学生管理的基本要求。身心健康包括生理健康和心理健康，是生理健康和心理健康的有机统一。

生理健康是心理健康的物质基础，心理健康是生理健康的精神支柱。身心健康是人的全面发展的基础和内在要求。一个人，没有强健的体魄、振奋的精神和坚强的意志，就谈不上全面发展，也不可能成为适应社会需要的全面发展的高素质人才。保障大学生的身心健康是培养社会合格人才的内在要求，是大学生自身成长成才的迫切需要。

随着社会的不断进步以及相关改革举措的实施，大学生面对的环境变得越来越复杂，包括社会、家庭和学校等层面。他们承受着学习、就业、经济等方面的压力，这可能会对他们的身心健康产生不利的影响。因此，加强高校学生管理，为大学生的学习、就业和日常生活提供必要的指导和服务，保障大学生的身心健康，也就具有尤为重要的意义。

促进学生德、智、体、美、劳全面发展，是高校学生管理的根本目标。培养全面发展的人，历来是具有远见卓识的教育家追求的理想目标。马克思、恩格斯科学地揭示了人的全面发展的内涵和历史必然性，创立了关于人的全面发展的理论。培养德、智、体、美、劳全面发展的社会主义建设者和接班人，是高校人才培养的目标。高校学生管理作为高校人才培养体系的重要组成部分，当然要为实现这一目标服务，以促进学生德、智、体、美、劳全面发展为自身的根本目标。

高校学生管理的分目标具有复杂多样性，主要有以下三种类型：

（1）按高校学生管理的工作内容而确定的分项管理目标

高校学生管理是一个复杂的系统工程，具有多方面的工作内容，包括大学生行为管理、大学生群体管理、大学生安全管理、大学生资助管理和大学生就业管理等。这就需要把高校学生管理的总目标分解到各个具体工作领域之中，以形成各项管理工作的具体目标，从而通过各项具体目标的达成，以实现学生管理的总目标。具体说来，大学生行为管理的目标是引导大学生自觉践行大学生行为规范，养成良好的行为习惯；大学生群体管理的目标是引导大学生形成体现大学精神、积极向上的群体文化，开展丰富多彩、健康有益的群体活动，充分发挥对大学生成长成才的积极作用；大学生安全管理的目标是维护学校稳定、保障学生安全、建设平安校园；大学生资助管理的目标是为贫困大学生提供基本的经济保障，促进他们健康成长和顺利成才；大学生就业管理的目标是引导毕业生树立正确的就业观念、增强职场竞争能力，帮助他们顺利找到合适的职业岗位。

（2）按大学生培养过程的不同阶段而确定的阶段性管理目标

大学生的培养过程具有明显的阶段性，各个阶段具有各自的工作重点，而不同学习阶段的大学生也各有其自身的特点。这就需要依据高校学生管理的总目标和大学生培养过程的内在规律性，科学地确定各个阶段高校学生管理的具体目标，并使之环环相连、紧密衔接、循序渐进。就本科生管理而言，在一年级应注重引导学生实现角色转换，尽快适应大学的学习和生活。在二年级，应注重引导学生依据社会需要确定自己的奋斗目标，对未来的职业生涯做出初步规划，全面提高自己的知识素养和能力，有目的地发展自己的兴趣和特长。在三年级，应注重引导学生认识自身素质与社会需求的差距，抓紧时机，完善自己，提升自我。在四年级，应注重引导学生客观全面地分析自身的情况，为就业或升学做好充分准备。

（3）按高校学生管理主体的具体分工而确定的具体工作目标

高校学生管理目标的实现有待所有学生管理部门和全体学生管理工作者的共同努力。在高校学生管理工作系统中，每一个部门，每一位管理者，都有其特定的工作领域和工作职责。为了充分发挥所有部门和全体管理者的作用，并使他们紧密配合、形成合力，就要把高校学生管理的总目标层层分解并落实到各个部门和各位管理者身上，形成部门和管理者的具体工作目标。如学生工作部（处）工作目标、学校团委工作目标、教务处学生管理工作目标、学生会工作目标、辅导员及班主任工作目标等。并使他们各司其职，相互配合，形成管理合力。只有这样，才能引导和协调学校中各个方面的力量，以保证高校学生管理总目标的实现。

二、高校学生管理的价值

（一）高校学生管理价值释义

高校学生管理的价值是指高校学生管理对于社会、高校和大学生所具有的作用和意义，也就是高校学生管理的属性和功能对社会进步、高校发展和大学生成长、成才需要的满足。

高校学生管理价值的客体是高校学生管理本身。高校学生管理具有能够对大学生的成长和发展、对高校实现教育目标、对培养社会合格人才发挥作用的属性与功能。正是高校学生管理的这些属性和功能构成了高校学生管理价值的基础。

高校学生管理价值的主体是社会、高校和大学生。高校是高校学生管理的实施者。高校之所以要实施高校学生管理，就根源于实现教育目标的需要，而高校学生管理则具有能够满足这种需要的属性和功能。因此，高校也就成为高校学生管理价值的主体。同时，高校的教育目标又是依据社会对专门人才的要求和大学生自身发展的需要制定的，因此，社会和大学生也就都成为高校学生管理的主体。高校学生管理价值所体现的也就是高校学生管理的属性和功能对社会、高校和大学生需要的满足关系。

（二）高校学生管理价值的特点

1．直接性与间接性

就其作用的形式而言，高校学生管理对其价值主体的作用，有直接作用和间接作用。因而，高校学生管理价值也就具有直接性和间接性的特点。高校学生管理价值的直接性是指高校学生管理能够不经过中介环节而直接作用于价值主体，以满足其一定的需要。一般说来，高校学生管理对大学生的影响和作用往往就是直接地发生的。高校学生管理价值的间接性是指高校学生管理需要通过一定的中介环节而间接作用于价值主体，以满足其一定的需要。一般说来，高校学生管理对于社会的影响和作用往往就是通过对大学生的影响和作用而间接地发生的。

2. 即时性与积累性

高校学生管理价值的即时性是指高校学生管理活动在短时间内就能够迅速达到目标，从而满足价值主体的某种需要。

高校学生管理价值的积累性是指高校学生管理往往要经过一个相当长的过程，经过长期的工作积累，才能达到目标，从而满足价值主体的需要。

3. 受制性与扩展性

高校学生管理价值的受制性是指高校学生管理价值的实现受到其他种种因素的影响。这是因为，高校学生管理价值就是对大学生成长成才的作用和意义。而大学生的成长成才还受到高校内部其他因素和外部环境因素的影响。因而，高校学生管理在大学生成长成才中作用的发挥，也就必然要受到其他种种因素的制约。

高校学生管理价值的扩展性是指高校学生管理可以通过大学生的活动和影响对高校内部其他因素和外部环境因素产生影响，从而使自身价值得到扩展。

4. 系统性与开放性

高校学生管理价值的系统性是指高校学生管理的价值是一个由多种维度、多种类型的内容构成的有机整体。按价值的主体，可分为社会价值、高校集体价值和个体价值。社会价值是高校学生管理对社会运行和发展的作用和意义；高校集体价值即高校学生管理对高校运行和发展的作用和意义；个人价值即高校学生管理对大学生个体成长和发展的作用和意义。按价值存在的形态，可分为理想价值和现实价值。理想价值是高校学生管理价值的应有状态，即高校学生管理所追求的最终价值；现实价值是高校学生管理的实有状态，即在现实条件下已经实现或正在实现的价值。还可以按价值的性质，分为正向价值和负向价值；按价值的大小，分为高价值和低价值；等等。高校学生管理价值就是由上述各种价值组成的系统。

高校学生管理价值的开放性是指高校学生管理的价值会随着价值主体的需要和高校学生管理功能的变化发展而变化发展。随着社会的发展，高校学生管理服务对象的需要在变化发展，这就必然会促使高校学生管理的功能发生相应变化和发展，从而使高校学生管理的价值得到拓展。

（三）高校学生管理的社会价值

高校学生管理的社会价值是指高校学生管理对社会运行与发展的作用和意义，即高校学生管理的属性和功能对社会运行与发展需要的满足。高校学生管理的社会价值集中表现在它是培养中国特色社会主义建设合格人才的重要手段，是构建社会主义和谐社会的内在要求。

1. 培养合格人才的重要手段

中国特色社会主义事业的发展需要数以亿计的高素质的劳动者、数以千万计的专门人才和一大批拔尖创新人才。高校是人才培养的重要基地，其中心任务就是要为中国特色社会主义建设培养合格的专门人才。而高校学生管理则是高校人才培养工作的重要手段，在培养合格人才中发挥着不可或缺的重要作用。

（1）维护正常的教育教学秩序

高校的教育教学活动总是按照一定的制度和规章有目的、有计划、有组织地进行的，建立和维护正常的教育教学秩序是高校教育教学工作的内在要求和基本条件。这就需要有严格的、科学的管理，包括高校学生管理。高校学生管理是建立和维护正常的教育教学秩序的重要保证。没有有效的高校学生管理，就不可能有正常的教育教学秩序。

（2）激励、指导和保障学生的学习行为

高校教育教学的过程是教师与学生双向互动、“教”与“学”辩证统一的过程。其中，“教”是主导，“学”是关键。学习是大学生的主要任务，是大学生能否成为合格人才的关键。而高校学生管理则对大学生的学习行为起着重要的激励、指导和保障作用。

（3）培养学生的思想品德

中国特色社会主义建设所需要的合格人才不仅要具备良好的专业知识和能力素养，还要具备良好的思想品德。培养大学生良好的思想品德，不仅需要深入细致的思想政治教育，还需要有效的管理。大学生各个方面还未成熟，发展尚未稳定，加之各个学生的思想基础不同，接受教育的主动性、积极性和自觉性各不相同，因此，大学生自我管理、自我约束的能力尚有欠缺并存在差异。

2. 构建和谐社会的内在要求

实现社会和谐，始终是人类孜孜以求的社会理想，也是中国共产党和中国人民不懈奋斗的重要目标。高校学生管理作为对大学生这一特殊社会群体提供引导和服务的社会活动，在构建社会主义和谐社会中发挥着重要作用，具有特殊的重要价值。

第一，高校学生管理是维护社会稳定、实现社会安定有序的重要保证。

切实加强高校学生管理，正确引导大学生的社会活动和政治行为，妥善解决大学生在学习、生活、交往和就业中碰到的各种矛盾和问题，及时处理大学生中发生的各种突发事件，以保持高校的稳定，对于维护社会稳定，实现社会安定有序具有特殊的重要意义。

第二，高校学生管理是构建和谐校园的重要手段。

高校是现代社会中不可或缺的社会组织，担负着培养人才、推进科技进步、传播先进文化的重要任务。构建和谐校园，是构建社会主义和谐社会题中应有之义，也是推进高校科学发展的内在要求。加强高校学生管理，引导和组织大学生积极发挥在和谐校园建设中的主体作用，是构建和谐校园的重要保证。

通过高校学生管理，建立和维护学校正常的教育教学秩序和生活秩序，加强学生的安全教育和管理，保障学生的身心健康，有效地预防和妥善地处理学生中的突发事件，努力建设平安校园，如此才能使校园实现安定有序。通过高校学生管理，引导和督促学生自觉维护校园环境，节约使用水、电等各种资源，如此才能使校园成为人与自然和谐共处的生态校园。

第三，高校学生管理是促进大学生集体和谐发展的重要手段。

大学生集体的和谐发展，不仅直接关系着大学生个体的健康成长和全面发展，也直接关系着高校的和谐稳定和科学发展。高校学生管理内在地包含着对大学生集体的管理，因而在促进大学生集体和谐发展中具有十分重要的作用。

（四）高校学生管理的个体价值

高校学生管理的个体价值是指高校学生管理对大学生个体成长与发展的作用和意义，即高校学生管理的属性和功能对大学生个体成长与发展需要的满足。高校学生管理的个体价值主要表现在引导方向、激发动力、规范行为、完善人格和开发潜能等方面，下面主要介绍引导方向、规范行为和开发潜能三个方面。

1. 引导方向

高校学生管理具有突出的导向功能，对大学生的成长和发展起着重要的导向作用。高校学生管理的导向作用，主要表现在以下三个方面。

第一，引导政治方向。政治方向是政治立场、政治观念、政治态度、政治品质和政治信念的综合体，是人的素质中的首要因素，决定着人们思想和行为的基本倾向。党历来强调在人才培养中必须把坚定正确的政治方向放在第一位。

随着经济全球化和信息技术的迅速发展，国际政治斗争趋于复杂，西方意识形态的渗透日益加剧。引导大学生确立坚定正确的政治方向即坚持中国特色社会主义的方向，是高校一项极为重要而又十分紧迫的任务。要实现这一任务，首先要加强大学生思想政治教育，同时，也要加强高校学生管理。这是因为，高校学生管理的社会属性决定了高校学生管理必然具有鲜明的政治方向性，并对学生的政治方向发挥引导作用。事实上，我国《普通高等学校学生管理规定》和《高等学校学生行为准则》都明确要求大学生应当“确立在中国共产党领导下走中国特色社会主义道路、实现中华民族伟大复兴的共同理想和坚定信念”。

加强高校学生管理，严格执行高校学生管理规定，引导和督促大学生自觉遵守高校学生行为准则，加强对大学生的行为尤其是政治行为的管理和指导，引导学生正确行使依法享有的政治权利，防止和抵制各种腐朽意识形态对大学生的影响，及时纠正校园中出现的错误倾向，维护和保障校园的政治稳定和政治安全，对于引导大学生坚持正确的政治方向无疑具有重要作用。

第二，引导价值取向。价值取向是指人们基于自己的价值观在面对或处理各种矛盾、冲突、关系时所持的基本价值立场、价值态度以及所表现出来的基本价值倾向。价值取向决定和支配着人的价值选择，制约着人们思想和行为的方向。现阶段我国市场经济的发展，在促进社会生产发展和人们思想观念更新的同时，其盲目性和滞后性也容易诱发人们产生利己主义、拜金主义和享乐主义的价值观念。

因此，引导大学生坚持正确的价值取向，有着尤为重要的意义。如前所说，鲜明的价值导向是高校学生管理的一个显著特点。高校学生管理通过坚持和贯彻体现社会主义核心价值体系的管理理念，制定和执行以培养社会主义建设合格人才为根本宗旨的管理目标体系和管理规章制度，对大学生的价值取向发挥重要的引导作用。

第三，引导业务发展方向。引导大学生确定既符合社会需要、又符合自身实际的奋斗目标，明确业务发展的方向，可以引导他们把自己的主要精力和时间投入实现既定目标的业务学习和实践活动之中，从而促进他们早日成才。高校学生管理在引导大学生业务发展方向方面的作用集中表现在：通过对学生学习活动的指导，引导学生根据相关专业的要求和自己的兴趣爱好，确定专业学习的目标，从而明确在专业学习方面努力的方向；通过对大学生职业生涯规划的指导，引导学生根据社会需求、职业发展的趋势和自身的主观条件与愿望，确定自己的职业理想，从而明确自己职业生涯发展的方向。

2. 规范行为

高校学生管理的一项重要任务就是要科学制定和严格执行各项管理规章制度和纪律，以规范大学生的行为，促进其形成文明的行为方式和良好的行为习惯。高校学生管理在规范大学生行为方面的作用，主要是通过以下三种路径实现的。

第一，加强制度建设。制度建设是高校学生管理的重要内容。高校学生管理中的制度建设，就是要依据社会发展要求、人才培养目标和大学生健康成长与发展的需要，科学制定和不断完善各项规章制度，使大学生明确应该做什么、不应该做什么，应该怎么做、不应该怎么做，并引导和督促大学生用于规范自己的行为，逐步形成文明的行为方式。2017 年教育部颁布了新修订的《普通高等学校学生管理规定》，就是现阶段高校学生管理的基本规章制度，为规范大学生的行为提供了基本的规定和准则。

第二，严格纪律约束。纪律是一定的社会组织为实现组织目标而要求其全体成员必须共同遵守并具有组织强制力的行为规范。它是建立正常秩序、维系组织成员共同生活的重要手段，是完成各项任务、实现组织目标的重要保证，因而成为高校学生管理中不可或缺的重要手段。在高校学生管理中，通过严格执行学习、考试、科研、集体活动、校园生活、安全保卫等各个方面的纪律，以约束和调整学生的行为，并对违纪行为及时做出恰当的处罚，可以有效地引导和规范学生的行为，促进其良好行为习惯的养成。

第三，引导自我管理。自我管理是高校学生管理的重要路径。自我管理的一项重要内容就是要激发学生的自觉性和主动性，引导学生自觉遵守管理制度，主动地用体现社会要求的大学生行为准则规范的行为，实行自我约束和自我监督。这种自我约束和自我监督，既表现在大学生个体的自我管理中，也体现在大学生群体的自我管理中。在大学生班级、寝室、社团等群体的管理中，充分发挥学生的主体作用，引导学生在民主讨论的基础上，形成全体成员共同遵守的规章制度，并相互监督执行，不仅有助于营造良好的群体氛围、实现群体的目标，而且有助于提高全体成员规范和约束自己行为的自觉性。

3. 开发潜能

人的潜能是指人所具有的有待开发、发掘的处于潜伏状态的能力。它包括人的生理潜能、智力潜能和心理潜能。人的潜能是人的现实活动力量的潜伏状态和内在源泉，人的能力的发展，在一定的意义上是开发潜能，使之转化为现实活动力量即显能的过程。人的潜能是巨大的。美国著名心理学家威廉·詹姆斯（William James）认为，一个正常人还有 90% 的潜能尚未开发。由此可见，人的潜能的开发具有广阔的前景。大学生正处于成长和发展的关键时期，着力开发他们身上所蕴藏的潜能，将他们内在的潜能转化为从事社会建设的实际能力和现实力量，是大学生培养工作的重要任务。高校学生管理作为大学生培养工作的重要组成部分，在开发大学生内在潜能方面发挥着不可或缺的作用。高校学生管理在开发大学生潜能方面的作用，主要是通过以下三种途径实现的。

第一，指导学习和训练。学习和训练是开发潜能的基础。只有通过系统的学习和训练，掌握必要的知识和方法，才能使潜能得到正确的、有效的发挥。高校学生管理通过对大学生的学习活动的管理和指导，引导大学生确立正确的学习目的，掌握科学的学习方法，不仅可以充分发掘大学生在学习方面的潜能，以提高他们的学习能力，而且可以促进大学生系统地掌握专业理论知识和方法，从而使他们在专业方面的潜能得到开发。

第二，运用激励机制。激励是开发潜能的重要手段。通过激励，可以充分调动人的主观能动性，振奋人的精神，转变人的态度，激发人的兴趣，调整人的行为模式，从而达到开发潜能的目的。激励也是高校学生管理的重要手段。高校学生管理运用激励机制，通过引导学生明确努力方向和成才目标，奖励成绩优异、表现突出的学生，可以调动学生的主动性和积极性，激发他们奋发向上的进取精神，从而促进他们不断地开发自身内在的潜能。

第三，组织实践活动。实践是潜能转化为显能的中介和桥梁。人的潜能，只有在实践中才能逐步显现出来，得到实际发挥，从而转化为显能。高校学生管理通过支持和指导学生的社团活动和社会实践活动，鼓励和引导学生的科技服务和科技创新活动等，可以为大学生提供丰富多样的参与实践活动的机会，使他们的潜能在实践中得到开发。

第二节　高校学生管理的原则和理念

一、高校学生管理的原则

高校学生管理的原则是在高校学生管理过程中必须遵循的基本准则。恩格斯指出："原则不是研究的出发点，而是它的最终结果；这一原则不是被应用于自然界和人类历史，而是从它们中抽象出来的；不是自然界和人类去适应原则，而是原则只有在适合于自然界和历史的情况下才是正确的。"[①] 因此，高校学生管理原则的确定，主要依据高校学生管理的内在规律、实践经验及党的路线、方针、政策。新形势下，高校学生管理主要包括方向性、激励性、发展性和自主性等基本原则。

① 马克思，恩格斯．马克思恩格斯全集[M]．北京：人民出版社，1956．

（一）方向性

高校学生管理坚持方向性原则，涉及培养什么人、如何培养人的根本性问题。高校学生管理是高校办学的重要方面，是学校育人环节的重要一环，社会主义大学的主要目标是培养社会主义事业的合格建设者和可靠接班人，高校学生管理工作直接影响这一目标的实现。

方向性原则是指确定高校学生管理的目标，进行高校学生管理活动，要与高校育人工作的总目标相一致，要与党和国家的教育方针、规范、政策和法律法规中规定的教育目标、管理目标等相一致。方向性原则是高校学生管理中具有决定意义的基本原则。只有坚持这一原则，才能促进高校学生管理沿着高等教育育人工作的总目标发展，才能保证高校学生管理的正确方向，才能有利于培养全面发展的社会主义事业的合格建设者和可靠接班人。坚持方向性原则，是由高校学生管理的社会属性决定的，也是我国高校学生管理历史经验的总结。

高校学生管理坚持方向性原则，需要做到三点。

第一，增强管理者的政治意识。高校学生管理是具有鲜明的政治方向、价值导向的。任何社会的高校学生管理都是为一定社会、阶级服务的。不同社会的高校学生管理的目的、理念、任务、方式、方法等，是有显著差异的。然而，在我们的管理理论和实践中，往往存在着忽视管理的政治功能和价值导向的现象。一些人甚至不认为高校学生管理有何方向性可言。因此，体现高校学生管理的方向性，首要的问题就是增强管理者本人的政治意识，促使管理者有意识地在管理过程中思考管理的政治方向和价值导向。管理者要把方向性要求贯穿在高校学生管理全过程和具体的活动中，引导广大学生积极投身改革开放和社会主义现代化建设，在为祖国、为人民的不懈奋斗中实现自己的人生价值。

第二，以制度的合法性体现管理的政治导向性。坚持方向性原则，就必须自觉接受党的领导，其核心是坚决贯彻党的方针、路线、政策。学校的各项制度是贯彻党的方针、路线、政策的主要载体，是一定社会政治方向、价值导向等的具体体现。因此，学校层面制定的各类高校学生管理相关制度，一定要与国家的法律法规相一致。通过合法的制度来保障高校学生管理的方向性。要注重把方向性原则融入制度建设和执行的全过程，使学生坚定社会主义的理想信念，在实践中成长成才。

第三，根据时代的需要调整管理目标。不仅要在政治方向上坚持方向性原则，还需确保管理工作能够为党和国家的核心任务服务。随着时代的发展，党和国家的使命也在不断演变，所以，他们对人才的需要也会发生变化。这意味着高校学生管理必须与时俱进，不断更新管理目标，并创造新的管理方式。目前，发展是时代主题，经济建设是党和国家的中心任务，要根据这一中心任务制定具体的高校学生管理目标。

（二）激励性

激励性原则，是指高校学生管理利用一定的物质手段或精神手段，引导学生发生思想行为的变化，调动学生的积极性、创造性，使学生的潜能得到最大限度的发挥，从而实现管理目标的基本准则。在高校学生管理中，恰当运用激励性原则，将使管理活动更易于被学生接受，更好地实现管理的目标。

激励的效果取决于在激励过程中采取的手段、方式能否针对大学生的发展实际、能否满足大学生的需要、能否在大学生内心形成自我激励的内在动力等。因此，在高校学生管理中贯彻激励性原则，需要做到以下三个方面。

第一，运用正向激励手段。在高校学生管理中，科学、合理地运用激励机制，有助于调动大学生的能动性和创造性，改变大学生的观念、行为。正向的激励主要有两种：一种是物质上的，主要指金钱或是实物，对学生进行一定的物质激励，有助于调动学生的积极性、主动性；另一种是精神上的，主要指通过各种形式的表扬，给予一定的荣誉。正向的激励有助于学生将外部的推动力量转化为自我奋斗的动力，充分发挥自身的潜能，从而有效地激励学生成长成才。在高校学生管理中，要协调好物质激励和精神激励的关系，依据学生的实际采取相应的激励手段，提升管理效果。

第二，在管理中树立典型，通过榜样进行激励。榜样使人有目标、有方向。因此，要善于树立榜样、培养榜样、宣传榜样，并鼓励学生学习榜样、争做榜样、成为榜样。

第三，采取情感激发的方式。要确保管理目标的实现，一般都要有感情的催化。当管理者与学生敞开心扉、相处愉快时，管理活动就比较容易开展；当双方针锋相对、互不理解时，学生往往产生抵触情绪，管理效果就会打折扣。因此管理者不仅要以制度约束人，而且要以真情感染人，注重沟通，消除疑虑，用欣赏的眼光去看待学生，使每一个学生的需求得到满足、困惑得以解决、特长得以发挥。

（三）发展性

高校学生管理坚持发展性原则，包括两个方面：一是管理工作本身要不断创新，二是通过管理促进学生的全面发展。从管理工作本身来看，随着我国社会政治、经济、文化的不断发展，社会生活发生了复杂而深刻的变化，高校学生管理工作的形势、环境、对象、任务发生了深刻的变化，这就要求不断变化管理的体制、机制，及时调整管理方式、目标、途径，以确保高校学生管理工作的实效。

在通过管理促进学生全面发展方面，要做到以下三点。

第一，要树立发展意识。思想是行动的先导，有什么样的发展理念，就会有与之相应的管理方式和结果。传统的高校学生管理重管理，把管住学生作为学生管理的出发点。个别管理者往往以强硬的制度规范、约束学生的行为，以训诫、命令代替沟通。这些方式往往会伤害学生的自尊心，挫伤学生的自主性，有悖于学生的全面发展。高校学生管理坚持发展性原则亟须转变传统的观念，要有意识地把学生全面发展作为管理活动开展的前提。在高校学生管理中，牢固树立促进学生全面发展的责任感和紧迫感，打破思维定式，以新的发展观念指导管理决策，制订管理计划，谋划学生的全面发展。

第二，要不断推动管理创新。通过管理促进学生全面发展，需要同时注重管理本身的发展，而管理的发展实际上是创新。服务于学生全面发展的管理创新就是在遵循高校学生管理规律的基础上，与时俱进，坚持继承与创新相结合，创造性地开展工作，促进学生全面成长和成才。目前，高校学生管理的机制、途径、方法与载体都是在过去的环境条件下，针对过去的情况产生的。但是随着社会经济的迅速发展，高校学生管理工作面临着新环境、新问题，大学生在思想上出现了困惑，在观念上呈现出多元化特点。如果固守原有的管理方法，必然不能较好地适应今天的需要，解决不了今天的问题。为此，创新高校学生管理工作成为时代和社会赋予的重任。

第三，要统筹各方面的资源，形成促进学生发展的合力。一直以来，在高校管理的实践工作中都强调高校学生管理包括管理学生和服务学生两大方面。但在具体操作上，管理却总是多于服务。实践证明，把职业生涯规划、生活帮扶、大学生就业指导、心理辅导等贯穿管理始终更易于发挥学生的主观能动性、激发学生的创造性，从而促进学生的发展。要理顺学校各管理部门的关系，通过部门间的相互协调，从而将组织内部各个要素联结成一个有机整体，使人、财、物、信息、资源等得以最佳配置，形成促进学生发展的合力。

（四）自主性

自主性原则是指高校在进行高校学生管理时，使学生参与到管理过程中来，充分调动学生的积极性和创造性，进行民主管理，实现自我管理和自我服务。高校学生管理遵循自主性原则，是由两方面决定的。一方面有利于育人目标的实现。管理的目标是育人，这就要求将外在的行为规范转化为内在的思想观念，从而支配管理对象的行为。如果不调动学生的主观能动性，学生就难以接受管理，管理的实效性就难以发挥。另一方面有利于满足学生自主管理的现实需求。随着我国社会主义市场经济体制的不断完善，市场经济的自主、平等、竞争、法治精神对高校师生的影响不断深化，大学生的自主意识不断增强。大学生的渴望在各项事务管理中充当主角，自己管理自己，充分发挥主观能动性，实现自我管理、自我服务。

高校学生管理坚持自主性原则要做到以下三点。

第一，唤醒学生的自主管理意识。在高校学生管理过程中，要营造轻松、愉快的氛围，使学生的自主需求得到满足。同时，要使学生体会到自主管理的成就感，享受自主管理收获的成果。

第二，打造学生自主管理的平台。要打造以班委会、团支部、学生会等学生组织为载体的自主管理平台，增强凝聚力、吸引力，建立定期流动机制和激励机制，充分保证学生广泛地参与到自主管理中来。作为辅导员，要敢于充分“放权”，敢于把高校学生管理工作交给学生，实现学生的自我管理、自我服务。

第三，加强对学生自主管理的指导。自主管理不等于放任自流，必须加强自主管理的指导，才能保证管理的方向和实效。保证管理的方向和实效有四个方面的内涵，即明确方向，定准目标，告诉学生工作要达到的程度和要取得的效果；定好标准，明确思路，告诉学生怎样开展工作；做好监督，对学生任务的执行情况进行跟踪观察，时刻关注工作进展情况；及时反馈，帮助学生及时调整方向，确保学生管理工作在正确的轨道上开展。

二、高校学生管理的理念

高校学生管理的理念是对高校学生管理规律的认识和对实践经验的高度概括，是高校学生管理必须遵循的基本指导思想。2017 年教育部颁布了新修订的《普通高等学校学生管理规定》明确指出：“高等学校要以培养人才为中心，按照国家教育方针，遵循教育规律，不断提高教育质量；要依法治校，从严管理，健全和完善管理制度，规范管理行为；要将管理与加强教育相结合，不断提高管理水平，努力培养社会主义合格建设者和可靠接班人。”因此，高校学生管理应该坚持人本管理、科学管理、服务育人、依法管理的基本理念。

（一）人本管理

理性化和人性化一直是管理发展中的两条重要线索。泰罗及其科学管理理论是理性主义的典型代表，并长期居于管理思想的主流。自 20 世纪二三十年代以来，随着“人际关系理论”以及“行为科学”的发展，人文主义逐渐占据管理思想的重要地位，人性和个人价值得到普遍认同。人本管理的思想要求在管理活动中，始终把人放在中心位置。在手段上，着眼于所有成员积极性的发挥和人力资源的优化配置；在目的上，追求人的全面发展以及由此带来的效益的最大化。

在高校学生的管理过程中，人本管理理念的核心在于以学生为中心，塑造现代化的学生观，尊重学生的主动性，推进学生的个性化成长，并完成多样化的学生评价。在教学中，重视学生的个别性、多样性、独特性，将学生视为拥有生命和价值观的完整个体，以培养学生成长、成才为重心，充分尊重、理解、关爱和疏导学生。

第一，为了加快学生的成长，应该满足学生的需求。需要对学生的需求进行详细的调查和了解，根据不同的类型和层次制订相应的教育、管理和服务计划，构建一个全面的高校学生管理工作体系，旨在帮助学生充分挖掘潜力，解决一切困难，提供便捷服务，保障学生的权益，从而实现最佳的教育效果。为此，高校学生管理工作必须从学生的需求出发，把工作的需求与学生的成长成才需求紧密结合，把学生的当前需求与长远需求紧密结合，把学生个人的需求与群体的需求紧密结合，把表面的物质需求与深层次的精神需求紧密结合，努力培养德才兼备、品学兼优、知行合一的社会主义建设者和可靠接班人。

第二，体现学生的主体参与，实现学生的自主发展。要充分发挥学生的主体作用，引导学生参与管理实践，使学生成为管理的主人。学生参与管理的主要平台有学生会、班委会、团支部、社团联合会等，可以通过学生干部定期换届等方式，努力让每个学生都有机会参与管理。此外，在就业管理、安全管理、资助管理等工作中，也要充分调动学生的积极性，引导学生参与相关政策制定和实施，真正实现管理依靠学生。

第三，实行民主管理。实行民主管理，尊重学生的主动性和首创性是人本管理的重要体现。为此，不仅要增强管理者和学生的民主管理意识，还要完善民主选举、决策和监督等民主管理运行机制，畅通民主管理渠道。

（二）科学管理

科学管理是 20 世纪初在西方工业国家影响最大、推广最普遍的一种管理思想，其代表人物泰罗被称为“科学管理之父”。科学管理的实质在于将实践积累的管理经验加以标准化、系统化、科学化，用科学管理代替经验管理。科学管理的主体思想包括三方面：①提高劳动生产率是科学管理的中心问题，是确定各种科学管理原理和方法的基础；②在管理实践中制定各种明确的规定、条例、标准，使管理科学化、制度化是提高工作效能、达到最高工作效率的关键；③科学管理不仅在于具体的制度和方法，还在于重大的精神变革。

高校学生管理工作中的科学管理，其特征是规范化、制度化和模式化，其价值核心在于提高学生管理的效率，强调建立完备的组织机构和严格的规章制度。在这种管理方式下，大学生的学习模式、纪律制度、行为准则、运作程序都实现了规范化；信息传递、各项学习生活实现了程序化，最大限度地引导学生形成正确的价值取向，实现管理效能的最大化。

首先，要用科学完备的制度规范引导人，尊重不等于放纵，没有规矩不成方圆。养成良好的行为习惯是学生成才的重要维度。为此要大力加强高校学生管理的制度文化建设，建立科学、人性的高校学生管理体系。

其次，要构建平等和谐的师生关系，在师生互动中实现管理的和谐。管理者不应是高高在上的发号施令者，而应是积极的引导者和平等的协商者。管理者要以学生为友，平等地与学生交流，尊重学生的个性，真诚地为学生提供学业指导、生活帮扶和心理辅导。管理者尤其是辅导员，要在管理过程中，创造性地展示自己的才华，在与学生交往、交流中实现自己的理想与人生价值，真正做到互为主体、教学相长。

最后，要建立一体化工作机制和运行模式。加强学生工作机构的建设，强化其组织协调功能，理顺学生管理系统各部门、各层次、各岗位的职责权限关系，使管理工作与教学工作、课堂内的管理与课堂外的管理等坚持统一的标准，形成合力，互相促进。

（三）服务育人

高校学生管理说到底就是为大学生的全面发展和健康成长服务，而不仅仅是为了“管”学生，更不能把学生仅看作管理的对象。只有坚持“管理即服务”“管理即育人”的理念，才可以从源头上改变高校学生管理的态度和方法。高校应该进行系统工程建设，包括教学、管理与服务等方面，以强化和推进大学生思想政治教育工作，多个方面相互融合，共同构成一整套系统。要“坚持教育与管理相结合”，要“从严治教，加强管理”，要“建立健全与大学生成长成才相适应的管理体系”。应该始终把思想政治教育深入高校学生的管理中，并建设长期有效的机制，以实现自律与他律、激励与束缚相互结合的管理方式。

首先，需要提高对服务的认识，集中精力处理学生最关注的实际难题。高校学生管理需要考虑多方面，包括但不限于学习、就业、财务和心理等问题，这些问题关系到学生的利益和生活体验。管理者应认真对待、处理学生的问题，并表现出对学生的关切，以此为基础，引导和教育学生。在解决实际问题的过程中，与解决思想问题相结合，既办实事又讲道理，坚持管理与教育的结合，做到既关心人、帮助人，又教育人、引导人。

其次，在管理实践中需要关注学生的感情问题，确保制度的严密和管理的灵活性。学生管理是一项涉及管理和协调人际关系的工作，因为人不仅是理性的，还有丰富的情感。虽然现代教育手段不断地更新，但是它们不可能取代面对面的思想交流。即使现代传媒方式更加先进，人与人之间的情感交流也不可取代。要考虑每个学生的具体情况，采用学生最容易理解和接受的方式来实现管理。这样才能让学生乐于接受制度规范，主动地内化为自己的行为准则，从而形成良好的行为习惯。

最后，需要营造良好的氛围。管理者不仅要尊重、关心和爱护学生，还要重视自我形象，把树立榜样当作管理育人的重要途径。需要确立一种机制，以让所有成员都能参与育人的过程，从而实现全员参与、全程参与和全方位参与。为了培育多元化的校园文化，应当关注其深厚的含义，这样才能营造良好的氛围，在不知不觉中对学生进行教育和引导。

（四）依法管理

在高校中，遵循法律管理原则是践行依法治国方针的具体实现方式。高校学生管理中重视法治原则，指的是高校学生管理必须遵循法律管理原则，符合法律规定。换句话说，在高校学生管理中，所有的规划、组织和控制都要符合法律规定，不能有违法行为。高校学生管理坚持依法管理，是高校学生管理自身的发展需求。一方面，管理对象发生了较大变化，大学生的维权意识明显增强。另一方面，管理内容也发生了相当大的变化。管理工作面对许多新的挑战。例如，在校学生结婚、学生心理问题、个人隐私保护等。这些新情况、新问题对大学生的依法管理提出了迫切要求。

首先，要增强法律意识，加强法律知识学习。中华人民共和国成立以来，国家制定了《中华人民共和国教育法》《中华人民共和国高等教育法》《中华人民共和国教师法》等关于教育的法律，国务院还颁布了《普通高等学校学生管理规定》等法规、规章，基本形成了以《中华人民共和国教育法》为核心的关于教育的法律法规体系。作为高校学生管理者，不仅自身要认真学习这些法律条文，深刻理解，做到关键问题心中有数，疑难问题随时查询；同时，还要注意引导学生积极学习各种常用的教育法律法规和规章，了解自己的合法权利、义务，增强依法维权和依法履行义务的意识，养成良好的学法、守法的习惯，为学生适应社会、推动国家法治建设夯实基础。

其次，要以法律为准绳，依法制定适用于学校实际的内部具体规章制度。目前，高校学生管理的一般性法律法规已经比较健全，但是不同类型、不同层次、不同地区的高校有着不同的学生管理具体实际，需要按照《普通高等学校学生管理规定》等法律法规，制定适合学校实际的内部具体规章制度。

最后，要严格遵守法律法规。要把对学生的规范管理与对学生合法权益的有效维护结合起来，既严格要求，又要充分尊重和平等对待，尤其是在处理违规违纪学生时，一定要做到事实清楚，证据确凿，使用法律法规正确恰当，处理程序符合相关法律规定；做到不滥用职权，不越权，不以权谋私，公平公正。

第三节　高校学生管理的过程与方法

一、高校学生管理的过程

（一）高校学生管理过程的定义与要素

1. 高校学生管理过程的定义

所谓高校学生管理过程，就是高校学生管理工作者对影响和制约高校学生发展和成长的各种因素及其相互关系及时做出相应的调整，以实现整体目标的过程。高校学生管理过程的实质就是要把握组织环境和管理对象变化、发展的情况，并根据组织目标，适时调整管理活动，在动态的情况下做好管理工作。要想做好高校学生管理工作，必须对管理过程有深入的认识和掌握，这可以帮助管理者全面理解管理行为的各个方面，从而做好各项管理工作。同时，还需要综合考虑各个方面的内容，形成整体性的管理活动，以帮助管理者更好地完成高校学生管理的任务。

2. 高校学生管理过程的要素

高校学生管理过程的要素主要包括管理者、管理对象、管理手段和职能、管理目标。管理者即谁来管理；管理对象，亦即管理什么，包括人、财、物、时间、空间和信息等；管理手段和职能，即运用什么样的手段、发挥什么样的功能和作用等，也就是如何管理的问题，包括运用行政方法、法律方法、经济方法和教育方法等基本管理方法对管理对象进行预测、决策、计划、组织、指挥、协调、激励和控制等；管理目标，即朝着什么方向走，最终达到什么目标。这四个基本要素相互作用，缺一不可。

（二）高校学生管理过程的特点

高校学生管理过程既具有一般管理过程的特征，如目的性、有序性、可控性等，又具有区别于其他管理过程的显著特点。与其他管理过程相比较，高校学生管理过程主要有以下三个方面的特点。

①高校学生的管理过程是高校学生管理工作者与高校学生双向互动的能动过程。高校学生的管理工作是一种复杂的社会活动。社会的主体是人，人的活动构成了社会活动的基本内容。因此，在管理的过程中既要发挥管理者的主导作用，也要发挥被管理者的主体作用，并努力达到两者的统一。管理过程是管理者和被管理者之间相互影响、相互作用的一种双向互动的能动过程。作为管理者应该能动地认识和塑造被管理者，而作为被管理者则应该在管理者的启发和引导下，进行自我管理，并达到自我教育，从而实现接受管理和自我管理过程的有机结合，使被管理者将管理者所传授的思想观念和行为规范纳入自身的思想品德结构中，成为支配和控制自身思想和情感行为的内在力量，即“内化”，实现由“管”到“理”，由“他律”到“自律”的飞跃。

②高校学生管理过程是有效利用学校的各种资源，为高校学生成长成才提供指导和服务的过程。高校学生管理过程有别于一般管理过程就在于它以培养高校学生成才为根本目标，而要实现这一目标，就必须对学校的各种资源进行分析和管理，将人、财、物、时间、空间、信息等各种管理要素组织运转起来，以求有效利用这些资源，使之发挥最大的效益，为高校学生的健康成长和成才提供行之有效的指导。

③高校学生管理过程是与高校学生教育过程紧密结合，保证教育目标顺利实现的过程。高校学生管理工作者在对高校学生实施管理的过程中应坚持做到管教结合、管中寓教、教中有管。当今的大学生不仅思想活跃，而且有很强的自主意

识和自尊意识，这就对高校学生管理工作者的管理水平提出了较高的要求。在管理的过程中，管理者必须寓情于理、寓意于行，不断提高管理工作的水平，力争使管理的过程成为被管理者受启发、受教育和实现内化的过程，并且促使被管理者把已经形成的思想观念和行为准则转化为自己外在的行为，养成相应的行为习惯，即实现由“内化”到“外化”，由“自律”到“自为”的飞跃。

（三）高校学生管理过程的主要环节

高校学生管理过程主要包括决策、计划、组织和控制四个环节。这四个环节是既相互区别，又相互联系的。

1. 高校学生管理决策

高校学生管理决策是指高校学生管理工作者为了达到一定的目标，在掌握充分的信息和对有关情况进行深刻分析的基础上，运用科学的方法，从两个以上的可行性方案中选择一个合理方案的分析判断过程。高校学生管理决策过程包括研究现状、确立目标、拟定决策方案、评价和比较。

（1）研究现状

有问题有待解决才需要决策，也就是说，决策是为了解决一定的问题而制定的。因此，制定决策，首先要分析问题是否已经存在，是何种性质的问题，这种问题是否已经对社会、对学校、对大学生自身以及未来发展产生了不利影响；分析大学生学习、生活、各种能力的培养、实践活动以及未来就业等可能遇到的种种问题和面临的挑战，确定问题的性质，把问题作为决策的起点。当然，研究这些问题的主要人员应该是学校高层管理人员，这不仅因为他们要对学校的发展负责、对学生的未来发展负责，还因为他们在学校中所处的地位使他们能够通观全局，易于找出问题的关键所在。

（2）确立目标

在分析了大学生学习、生活、各种能力的培养、实践活动以及未来就业等可能遇到的种种问题、面临的挑战之后，还要进一步研究针对问题将要采取的各种措施应符合哪些要求，必须达到何种效果。也就是说，要确立目标。

要确立目标，须做好以下三个方面的工作。

一是提出目标。这一目标应该包括上限目标（理想目标）和下限目标（必须实现的目标）。

二是明确多元目标之间的相互关系。高校学生管理目标是多重的，但是对于不同年级、不同专业的学生来说，其目标的相对重要性是不同的。在特定时期，决策只能选择其中一项作为主要目标。然而，多元目标之间的关系是既相互联系、又可能相互排斥的，如对毕业班的大学生来说，考研究生和考公务员以及求职之间就是这种既相互联系又相互排斥的关系。

因此，在选择了主要目标后，还要明确它与非主要目标之间的关系，以避免在决策的实施过程中将主要精力和时间投放到非主要目标活动中去，避免捡了芝麻丢了西瓜。

三是限定目标。目标的执行有可能给学校和大学生带来有利的结果，也可能带来不利的结果。限定目标就是要把目标执行的有利结果和不利结果加以权衡，规定不利结果在何种程度上是允许的，一旦超越这一程度则必须停止原计划，终止目标活动。一般来说，不论是何种目标，都必须符合三个基本特征：能够计量、能够规定期限、能够确定责任人。

（3）拟定决策方案

决策的关键在于选择，而要做出正确选择，就必须提供多种可供选择的方案。从实践来看，任何目标都可以通过多种不同的活动来实现，而不拟出几个实现它的抉择方案的情况是很少的。因为对于主管人员而言，如果只有一种行事方法，那么这种方法很可能就是错误的。在此情况下，主管人员可能就不再努力去考虑另一些能够使决策做得更好的方法。

决策方案描述了学校为实现目标拟采取的各种对策的具体措施和主要步骤，但是，由于目标的实现可以采取多种不同的行动，所以应该拟定出不同的决策方案。

首先，要确保有足够多的方案可供选择。为了使方案的选择有意义，不同方案必须相互区别而不能相互包容。假如某个方案的活动能够包含在另一个方案之中，那么这个方案就失去了存在的意义和价值。

其次，形成初步方案。一般来说，任何一个方案的产生都应该建立在对环境的具体分析和发现问题的基础之上，然后，根据问题的具体性质以及解决问题所要达到的目标，提出各种改进设想，并对设想进行分析、整理和归类，进而形成各种不同的初步方案。

最后，形成一系列可行方案。在对各种初步方案进行遴选、补充的基础上，对遴选出来的方案进一步完善，并预期其实施结果，这样便会形成一系列可行方案。

（4）评价和比较

要选择方案，首先要了解各种方案的优劣。为此，需要对不同方案加以评价和比较。这种评价和比较主要包括以下三个方面：一是实施方案所需要的条件能否具备，具备这些条件需要付出何种成本；二是方案实施能够给学校和学生各自带来什么利益（包括长期利益和短期利益）；三是在实施方案的过程中可能遇到哪些问题，其导致活动失败的可能性有多大。

根据上述评价和比较，便可以寻找出各种方案的差异，分析出各种方案的优劣。在此基础上进行的选择，不仅要确定能够产生综合优势的实施方案，而且要准备好环境发生变化时可以启用的备用方案。确定备用方案的目的是对可预测到的未来变化准备充分的必要措施和应急对策，避免在情况发生变化后因疲于应付而忙中添忙，乱中增乱，或束手无策而蒙受这样或那样的损失。

2. 高校学生管理计划

高校学生管理计划就是在决策既定目标的前提下，进一步根据实际情况，科学地、及时地制订方案。具体来说，就是通过将学校的活动任务分配给不同的学生部门、个人等来管理，确保这些部门、个人有明确的工作内容以及监督和控制方案，同时也为实现决策目标提供组织上的保障。

高校学生管理计划是系统的、有组织的方法或策略，它为学生管理部门和学生管理工作者以及学生指明了方向。当所有有关人员了解了组织的目标和为达到目标他们必须做出的贡献时，他们便开始协调活动，互相合作，形成团队。而缺乏计划则会走许多弯路，从而使实现目标的过程无效率而言。高校学生管理计划可以促使学生管理部门和学生管理工作者展望未来，预见变化，以及制订适当的对策，同时减少不确定性、重叠性的活动。此外，高校学生管理计划还能通过设立目标和标准以便于进行控制。在计划中必须设立目标，而在控制职能中，人们又会将实际的绩效与目标进行比较，发现可能发生的重大偏差，采取必要的校正行动。可以说，没有计划，就没有控制。

（1）高校学生管理计划的制订

一般来说，制订高校学生管理计划可遵循以下程序。

第一，收集资料，为计划的制订提供依据。计划是为决策的组织落实而制订的，了解决策者的选择，理解有关决策的特点和要求，分析决策制订的大环境和决策执行的要求，是制订行动计划的前提。由于计划安排的任务需要不同专业、不同年级的学生利用一定的资源去完成，因此，计划的制订者还应该收集反映不同专业和不同年级学生的活动能力以及外部有关资源供应情况的资料，从而为计划制订提供依据。

第二，可以进行目标或任务的拆分。目标或任务拆分是将学校的总体目标根据各部门和活动环节的需要进行分解，从而实现长期目标的阶段性分解。换句话说，它将学校的总目标分解为各个具体环节的任务，以实现更具体的目标。将学校分解成各个部分，就可以明确每个部分在未来的各个时间段内需要完成的具体任务，并确定完成这些任务所要达到的条件。通过分解，可以得到学校的目标结构，其中包括时间和空间结构。目标结构指出了学校中高层次（总体和长期）目标与低层次（部门、环节、个人和各阶段）目标的关系，确保各级目标间相互联系，且保证实现低层次目标的同时，也能够实现高层次的总体目标和长期目标。

第三，进行目标结构分析。目标结构分析是一种评估学校实现高层次目标的方法，其主要研究重点在于确定学校在不同时期是否能够有效地实现各项具体目标，从而确保长期目标的实现。能否保证整体目标的实现，取决于学校各项具体目标是否得到了有效实施。如果无法实现特定低层次目标，考虑是否可采取补救措施。如果不可行，则需调整较高层次目标，甚至需要重新修改整个决策。

第四，综合平衡。一般而言，综合平衡工作应着眼于以下三点。一是分析由目标结构决定的或与目标结构对应的各个时期的学校任务是否相互衔接和协调。具体而言，就是对任务进行时间和空间的平衡分析。在确保学校活动顺利开展的前提下，进行时间平衡需要考虑各个阶段的任务是否协调一致。为了确保学校的顺畅运转，需要考虑各个部门的工作占比是否平衡，以便整个机构能够协调一致地开展各项活动。二是探究学校活动与资源供给之间的关系，考察学校在规定时间内能否充分筹措到所需的不同种类和数量的资源，以保证学校活动的有序进行。三是分析各个学校部门在不同时段内的任务和能力之间是否匹配，以确保每个部门能够在所要求的时间内完成规定的任务。学校的外部空间环境和活动设施的变化可能会导致任务的改变，为保持任务和能力之间的匹配，应留有一定的余地，以便在必要时进行调整。

第五，制订并发布执行计划。基于保持平衡的原则，学校能够为各个部门设计制订不同时间段的行动计划，包括长期、年度和季度计划。

（2）高校学生管理计划的执行

制订计划的目的在于执行计划，而计划的执行需依靠学生管理工作者和大学生的共同努力。因此，能否保质保量完成计划，在很大程度上取决于在计划执行过程中能否充分调动高校学生管理工作者和大学生的积极性。

（3）高校学生管理计划的调整

计划在执行过程中，有时需要根据实际情况的变化进行调整。这不仅是因为计划活动所处的客观环境可能发生变化，而且可能因为人们对客观环境的主观认识有了这样或那样的改变。

为了使大学生的各种组织活动更加符合环境变化的要求，必须对计划进行适时的调整。而滚动计划就是为了保证计划在执行过程中能够根据情况变化适时修正和调整的一种现代计划方法。这种方法可以依据计划执行进程和环境变化程度进行定期修改，以逐步推进未来计划的实现，并使不同期限的计划相互配合和衔接。

在规划工作时，难以精确预测未来多种变化因素的影响，随着时间的推移，不确定性会逐渐增加。如果按照几年前的计划执行，可能会带来一些无谓的消耗。使用滚动计划可以有效预防不确定性所带来的负面影响。滚动计划的基本做法是，制订好学校在一个时期的行动计划后，在执行过程中根据学校内外条件的变化定期地加以修改，使计划不断延伸，滚动向前。滚动计划主要应用于长期计划的制订和调整。这是因为，一般来说，长期计划面对的环境比较复杂，采用滚动计划可以根据环境变化和学校内部活动的实际进展情况适时进行调整，以便于使学校始终有一个为各部门、各阶段的活动提供指导的长期计划。当然，这种计划方式也可以应用于短期计划工作，如年度和季度计划的制订和修订。

3. 高校学生管理组织

高校学生管理组织是高校学生管理机构和学生管理工作者为了有效地实现既定目标而建立的。要将组织的各个要素有机地联系起来，实现最佳的人力、财务、物资、时间和技术等资源的调配和开发。

高校学生管理机构设置是否科学合理，组织工作是否有效，直接关系到大学生的成长和未来发展，关系着高校学生管理目标的实现。要有效地实施高校学生管理，一定要使高校学生管理机构科学化、合理化。为此，就需要构建科学的高校学生管理机构并使之有效发挥其职能。

（1）高校学生管理机构及其职能

目前，各高校的学生管理工作已形成了基本一致的组织结构形式，具体表现为学校党委和学校行政→校党委副书记和副校长→学生工作处和团委→院系党总支副书记→年级辅导员→学生会。下面主要介绍学生工作处、团委、学生会、大学生自我管理委员会的职能。

学生工作处。学生工作处包含了行政管理和思想政治教育方面的职责。行政管理任务包括学生招生、就业、奖惩、日常行为管理等；而思想政治教育方面的任务则包括新生入学教育、日常思想教育以及毕业生的就业思想教育。这种安排有效地保障了管理和教育的有机融合，促进了全校学生工作的有序开展，使管理和教育不再脱节。这样的组织方式在学校党委的宏观指导下执行，步骤有序，计划周密。

团委。团委在高校学生管理方面的主要职能是：在学校党委的领导下，全面负责大学生团组织的建设和管理；负责对学生会和学生社团的管理和指导；组织和指导学生的社会实践活动和志愿者活动等。

学生会。学生会具有比较完整的组织系统，包括校学生会、院（系）学生会以及各班级的班委会。学生会具有比较严密的管理系统，各部门、各成员之间既有分工也有合作，既是相对独立的，又是一个整体。要使高校学生管理工作有效开展，必须完善、巩固和依靠学生会组织。对于学生会组织，学校上级管理部门除了给予必要的指导外，在财力上也要给予一定的支持。同时还应该给予他们一定的权利和地位，充分发挥他们的积极性和主观能动性。由于学生会组织的结构设置涉及广大学生的方方面面，代表的是广大学生的利益，所以如何使学生会组织真正起到学生与学校之间的桥梁作用，对有效实施高校学生管理非常重要。

大学生自我管理委员会。目前，有一些高校开始尝试设置大学生自我管理委员会，它一般挂靠在学生工作处或团委，下面设立生活保障部、宿舍管理部和风纪监察部等机构。生活保障部的主要任务是参与创建文明食堂的宣传和教育，其目的在于美化就餐环境，维护就餐秩序，对不文明行为进行纠正和制止，创建文明的生活环境。宿舍管理部主要是与学校宿舍管理办公室或物业管理部门共同对宿舍进行管理，以求为广大学生营造一个清洁、安静、舒适的学习和生活环境。风纪监察部的主要职责在于整治校园环境，可定时、定点或随时随地对学生中发生的违纪行为进行监察，同时还承担着维护食堂秩序、学校巡视以及检查学生上课迟到、早退等方面的工作。

（2）高校学生管理工作者的职务设计

著名管理学家哈罗德·孔茨（Harold Koontz）说过："为了使人们能为实现目标而有效地工作，就必须设计和维持一种职务结构，这就是组织管理职能的目的。"① 为了提升高校学生管理工作成效，各高校正在进行学生管理工作者的新的职务设计，力求实现学生管理工作者的"三化"——职业化、专业化和专家化。高校学生管理工作是集理论性、知识性、实践性、时代性和时效性于一体的工作，它致力于大学生的成长和发展，应该成为一种专门的职业。

学生管理工作者既应该是学生教育、管理、服务工作的多面手，又应该是学生就业指导、生活学习指导、成才指导、心理咨询、形势与政策教育等方面的专业人才，唯有如此才能满足学生管理工作的需要，提高管理水平。在实际工作中，

① 王欣欣．管理学原理[M]．北京：北京交通大学出版社，2018．

学生管理工作者不仅能应付日常事务，还要认真研究学生工作中出现的新问题，要像专家那样，把学生管理工作当作一种事业去经营、去追求，掌握学生管理工作的规律和艺术，成为学生管理工作方面的专家。

（3）高校学生管理队伍的人员配备

为了进一步提高高校学生管理的水平，各高校应该根据教育部的要求和实际工作需要，科学合理地配备足够数量的学生管理工作队伍，在保证数量的基础上，专兼职相结合，不断优化结构。目前，各高校的学生管理工作基本上采取院系主要负责制，由院党委副书记、专职辅导员及兼职辅导员协同工作。此外，基于目前大学生就业形势的日益严峻，不少高校在高校学生管理队伍中尝试配备职业指导人员，旨在为大学生成功就业提供指导和必要的帮助。

4. 高校学生管理控制

高校学生管理控制是对高校学生管理的计划、组织等管理活动及其效果进行测量和校正，以确保组织目标以及为此而拟定的计划得以实现的有效手段。高校学生管理控制是高校学生管理机构和每一位高校学生管理工作者的重要职责，正确和因地制宜地运用控制手段是使控制工作更加有效的保证。

著名管理学家亨利 · 法约尔（Henri Fayol）认为，在一个企业中，控制就是核实所发生的每一件事是否符合所规定的计划，所发布的指示以及所确定的原则。[①]其目的就是要指出计划实施过程中的错误，以便加以纠正和防止重犯。控制在每件事、每个人、每个行动上都起作用。因为，在现代管理系统中，各组织要素的组合关系是多种多样的，时空变化和环境影响很大，内部运行和结构有时变化也很大，加上组织关系的复杂，处在这样一个复杂多变的系统中，如果组织缺少有效的控制，就很容易产生错乱，甚至偏离正确的轨道。

如果计划不需要更改，并由一位具有权威的领导带领，由一个可靠的组织有序地执行，那么就不需要进行控制了。但事实通常与理想有很大的不同，计划总是赶不上变化，在执行计划的过程中总是或多或少地出现与计划不一致的现象。于是，控制便成为一种必须。

控制是高校学生管理工作一个不可分割的部分，是管理的一项工作内容。但是，控制不同于强制。日本社会学家横山宁夫指出，最有效并持续不断的控制不是强制，而是触发个人内在的自发控制[②]。

① 崔文志．新时期高校思想政治教育创新研究[M]．北京：首都师范大学出版社，2007.

② 吴学刚．你需要懂一点微管理[M]．昆明：云南人民出版社，2021.

（1）控制的类型

基于不同的时机、对象和目的，我们可以将控制的类型分为以下三种。

①预先控制。预先控制安排在活动开始之前实施。管理的范围涵盖了资源准备情况的审查以及预测这些资源的使用效果。

②现场控制。现场控制又被称为过程控制，它是在活动进行时对参与者和事物进行指引和监察的过程。对大学生的学习和活动进行现场监督的作用在于：首先，使大学生以正确的方法进行学习，参加各种活动。通过现场监督，高校学生管理工作者可以直接向大学生传授学习、参加各种活动的要领和技巧，纠正其错误的做法，从而提高大学生的学习能力和实践能力。其次，可以确保计划的落实和目标的实现。高校学生管理工作者可以通过现场查看随时发现大学生在活动进行中与计划要求产生偏差的情况，并采取措施及时解决这些问题，这样可以在问题产生的早期阶段解决问题，防止问题进一步扩大化。

③成果控制。成果控制或称事后控制，是指对活动结束后的资源和结果展开评估。因成果控制一般发生在事情结束以后，所以对活动已经毫无补益。成果控制的目的在于总结经验，吸取教训，为将来计划的制订和活动的举办提供参考。

（2）有效控制的要求

①适时控制。古往今来，人们都非常注意对管理的控制。古人云“宜未雨而绸缪，毋临渴而掘井”“凡事预则立，不预则废”。今人则强调“预防胜于救治”。因此，我们有理由说，最有效的控制不在于偏差或问题出现以后的处理和补救，而在于事先通过适时控制消除可能导致偏差或问题的各种可能性，从源头上防止偏差或问题的形成。这也就是说，纠正偏差和解决问题的最理想方法应该是在偏差或问题未产生之前，就注意到偏差和问题产生的可能性，预先采取必要的防范措施，防止偏差或问题的产生。落实到操作上，就是建立预警系统，形成应急机制。

该机制的目的是通过建立预警系统，对可能发生偏差或问题的对象的信息进行分析和研究，及时发现和识别潜在的或现实的偏差或问题，进行客观评估，采取防范措施，减少偏差和问题的产生。具体做法可以由各学校根据自己的实际情况，建立一支由班级、院系有关师生组成的突发事件预警队伍。该队伍的每位成员都要接受专门的培训，并且明确职责和分工，定期对本班、本系、本院的学生进行了解、评估和帮助，将有关的信息汇总到学校的突发事件干预机构，再由突发事件干预机构根据实际情况统一部署，采取相应的措施。与事后的亡羊补牢之举相比，事先的适时控制才是最重要的，与其在偏差或问题发生之后进行补救，不如事先适时控制。

②适度控制。适度控制是指控制的范围、程度和频度要恰如其分，恰到好处。那么，如何才能做到这一点呢？一般来说，要注意以下三个方面的问题。

一是既要避免控制过多又要防止控制不足。没有人喜欢被控制，事实上，控制多半会招致被控制者的不快，大学生亦是如此，但是不进行控制又是不现实的，因为失去控制往往会导致组织活动的混乱、低效甚至无效。行之有效的控制应该是既能满足对活动监督和检查的需要，又要防止与大学生产生激烈冲突。

为此，要求高校学生管理工作者必须做到：注意避免控制过多，控制过多不仅会招致大学生的反感，而且会扼杀他们学习和参加各种活动的积极性、主动性，影响他们才能的发挥和能力的提高。防止控制不足，控制不足不仅会影响组织活动的有序进行，而且难以保证各层次活动进度和比例的协调，造成资源的浪费。此外，控制不足还可能导致大学生无视学校的正当合理要求，自由散漫、我行我素，破坏学校的校风校纪。

二是全面控制与重点控制相结合。学校管理机构和学生管理工作者不可能，而且也没有必要不分轻重缓急地对大学生的所有活动进行控制。要求学校在建设控制系统时，使用 ABC 分析法和例外原则等工具，发现影响大学生活动效果的重要环节，并在这些环节上建设预警系统或控制点，以进行重点控制，从而达到适度控制的目的。

三是控制的产出大于投入。一般来说进行控制是要有投入的，衡量工作成绩和活动成效，分析偏差或失误产生的原因，以及为了纠正偏差和补救失误而采取的措施，都需要一定的花费。与此同时，任何控制，由于纠正或补救了工作或活动中的偏差或失误，又会带来一定的成效。因此，一项控制，只有当它的产出超过其投入时，才是值得的。

③客观控制。为了确保大学生的学习和活动能够顺利进行，需要根据实际情况采取必要的调整措施和补救措施。因此，在控制大学生行为方面，需要采取一些实用且客观的措施，必须考虑实际情况。要进行客观的控制，就需要对大学生的学习和活动情况以及变化进行详细的了解和评估。为此，控制过程中采用的检查、衡量方法必须能够正确反映大学生活动在时空上的变化程度，准确地判断和评价各部门、各环节的工作与计划要求相符或背离的程度。

④弹性控制。俗话说：天有不测风云，人有旦夕祸福。大学生在学校学习以及参加各种活动时，不可避免地会面临各种问题和无法预料的状况，这些变化有可能与原定的计划产生偏差。即便面对这样的情况，也应当对其进行有效掌控，且确保可以正常运行。换一种表述就是，有效的掌控应该具有灵敏性和弹性。

二、高校学生管理的方法

高校学生管理的方法是复杂多样的，各种方法都有其特殊的作用和特点。全面掌握和正确运用高校学生管理的方法，是提高高校学生管理效率的关键。

（一）高校学生管理方法的内涵

高校学生管理方法，是指采取的工作方法，是为了达到管理目的并确保管理活动的成功举办而制定的。在管理实践中不可或缺的工具是管理方法，它与管理理论的发展紧密相连。从某种意义上说，现代管理理论中一个又一个学派的出现，反映了管理方法的不断创新。在这些理论学派中，每一个学派都有其独特的创新方法。

管理方法是将管理理念具体化、实践化的一种工具，能够为管理活动提供指导，推动管理目标的达成。在管理实践中，管理方法是管理理论得以实现的必要手段。没有任何管理理论或原则能够取代管理方法的作用。当前，管理方法已经整合了多种学科理论和知识，并逐渐成为一个独立且成熟的领域。

（二）高校学生管理方法的类型及特点

随着高校学生管理方法的日渐成熟，高校学生管理方法逐渐形成了一种相对完整的管理方法体系。

1. 法律方法及其特点

高校学生管理的法律方法是指以法律规范以及具有法律规范性质的各种行为规则为手段，调节高校学生管理系统内外的各种关系，规范高校学生管理行为的管理方法。高校学生管理中所涉及的法律，既包括国家正式颁布的与高校学生管理相关的法规，也包括各级政府机关所制定的具有法律效力的有关高校学生管理工作的条例、规章和制度。法律方法不仅仅涉及制定和完善各项法规，还包含相关的司法和仲裁工作。这两个环节是互相依存、紧密联系的。如果只有规章制度而欠缺司法和仲裁手段的话，那么这些规章制度就会变得空洞无物，难以发挥真正的作用。以下是高校学生管理的法律方法的特点。

（1）严肃性

法律和法规的制定一定要遵循正式的法律程序，一旦颁布后就有相对的稳固性。法律和法规必须始终保持其严肃性，不能因特定的个人而有所不同。司法工作具有严肃性，需要认真开展执法工作，以确保法律的权威。

（2）规范性

法律和法规是约束所有组织和个人行为的共同规范，适用于所有人，并具有同等约束力。法律和法规采用精确的措辞来阐明其内涵，并要求对其进行统一的解释。法规必须遵循法律，并与之保持一致。而法律则必须符合宪法，是宪法的具体体现。

（3）强制性

法律法规具有强制性，一旦制定就必须被强制执行，所有公民都必须无条件地遵守。否则，将会面临国家采取强制措施来进行处罚。

2．经济方法及其特点

经济方法是一种管理手段，通过利用各种经济策略和机制来调节不同经济利益之间的关系，以达到最大化经济效益和社会效益的目的。高校学生管理中常用的经济方法包括奖学金和罚款等方式。奖学金是指为了激励优秀学生并表彰他们的成就，由政府、学校或社会机构提供的一种精神或实质性激励，以激发学生的积极性。这种动力产生的效果源于通过外部奖励，如评奖评优等方式，激发学生高度积极的行为表现。此举旨在进一步激发学生内在的积极因子，即通过对卓越者和先进者的肯定、奖励，以及对卓越事迹的宣传，来鼓励先进，激励后进，带领全体学生一起努力，全面发展，达成全面成才的目标。罚款是高校出于维护校规，惩戒违反规定的学生，以经济手段强制其承担相应的责任和损失。它可以限制和规范某些人的不良行为。然而，罚款的理由和数额应该恰当合理，不应该过度使用。为了避免引起学生的不满和抗议，必须确保管理工作和思想工作得到充分的重视，不能只依赖于罚款这一手段来解决问题。严格的奖惩制度是非常关键的，奖励应当及时、明确，处罚也应当果断执行，这样可以激发学生的正义之心，消除不良行为。只有通过这种方式，才能确保奖学金和罚款真正发挥出管理作用。以下为经济方法的各项特征。

（1）利益性

经济方法是利用利益机制来鼓励被管理者去追求某种利益，从而间接影响被管理者的一种方法。

（2）关联性

经济方法具有宽泛的适用领域，各种经济手段之间的关联纵横杂乱，影响范围广泛，并且每种经济手段的变化都会引起多方面的连锁反应。它有时不仅对当前产生影响，而且可能会对未来继续产生影响，导致出现一些未预料到的现象。

（3）灵活性

就灵活性而言，经济方法可以根据管理对象的不同特征来运用多种管理方法。同一管理对象能够根据具体情况运用不同的管理方法。

（4）平等性

经济方法认为，被管理的组织和个人都享有平等的获得经济利益的权利。学校使用同一标准对结果进行评估。在相同情况下，无论使用哪种经济手段，都能够有效地影响大学生。

3. 行政方法及其特点

行政方法是指通过行政组织的权力和权威，利用命令、规定、指示等行政手段来管理工作。这种方法是在行政系统内建立一种垂直的指挥体系，以威严和服从为条件，指挥下属完成工作。行政方法的本质是通过管理行政组织中的各项职责和职能来实现管理。它着重强调的是工作职责、职权和职位，而不是个人能力和权力。行政管理体系需要存在权威，因为不同层级之间的信息分配是不对等的。上级命令下属，主要是由于上级在职位上更高。上下级关系是基于上级所拥有的管理权力，下级须无条件服从上级。行政方法的本质在于运用政治权力，其主要特征如下。

（1）权威性

管理方法所依赖的基础是管理机构和管理者的权力和威信。当管理者的权威性越高时，下属对他所发出指令的接受程度也就相应提高。加强对各级领导权力的监督，是行政管理方法成功实施的前提条件，也是确保行政方法有效性的基本原则。高校学生管理工作者需要不断提升自己来树立威严，不能单纯依赖职位的权力来巩固自己的管理地位。

（2）强制性

行政机构所发布的命令、指示和规定等，能够对管理对象产生不同程度的强制作用。行政方法利用其强制性手段来实现调度和管控管理活动的目标。然而，行政强制和法律强制是存在差异的，这种差异反映在法律的强制性是经过国家和司法机构来实施的，规定什么事是允许的和不允许的，而行政强制则是基于行政机关的权力和职责，对违反行政规定的行为采取强制措施。行政的强制性要求人们遵从共同的意志，以实现一致的目标，虽然在行动原则上高度一致，但在方法上给予了人们更多的自由。

（3）垂直性

行政方法是采用行政系统和行政层级来进行管理的，因此通常属于上下级之间的纵向管理。一般情况下，行政指令是由上级向下级通过垂直的层级关系发布的。在这个组织中，下属和领导人只听从一个上级的指挥和领导，而来自同级的命令几乎没有实际影响力。所以，在使用行政方法时，应该坚持从上到下的纵向传递指令，避免通过横向传达来执行任务。

（4）具体性

相较于其他方法，在实际操作中，行政方法更加具体明确。除了针对特定的对象和内容，行政指令的实施方法也随着目的和时间的变化而调整。因此，行政指令通常针对特定对象，在一定时间范围内生效，并具有鲜明的时效性。

（5）无偿性

在行政管理中，上级组织对下级组织的人员、财务和物资等进行调动时，不会按照等价交换原则进行，而是根据行政管理的需要进行，且忽略价值补偿的问题，这就体现了无偿性。

（6）稳定性

稳定性是指行政方法适用于特定组织行政系统的管理方法。行政系统通常具有完善的组织机构、一致的目的、协调的行动和有效的调节以及控制机制，因此能够有效地抵御外部扰乱。因此，采用行政手段进行管理可以提高组织的稳定性。

4. 教育方法及其特点

教育是指按照一定的目的、要求对受教育者从德、智、体诸方面施加影响的一种有计划的活动。高校学生管理中的教育方法主要是指通过深入细致的思想政治教育，激发大学生的积极性和主动性，引导大学生的思想和行为，以实现高校学生管理职能的管理方法。教育是管理的基本方法之一。这是因为，管理的中心是人，而人的行为总是受一定的思想支配和制约。因此，在管理中就要注意做好人的思想工作，通过影响人的思想去影响人的行为，从而促进组织目标的实现。而高校学生管理作为大学生教育和培养工作中的一个重要组成部分，更要注重运用教育的手段，以增强高校学生管理的教育性。教育方法具有以下几个方面的特点。

（1）启发性

教育方法重在通过通情达理的劝说来启发大学生认同学校教育与管理的目标，并把个人的目标与学校教育和管理的目标紧密结合起来，从而使大学生能够自觉地遵循大学生行为规范，积极主动地为实现学校的教育和管理目标而努力。

（2）示范性

高校学生管理的目的在于促进大学生的全面发展，使其个性得到张扬和完善。在这个过程中，高校学生管理工作者的言传身教、人格魅力对大学生起着十分重要的示范作用。

（3）潜在性

高校学生的思想政治教育是一个春风化雨、润物细无声的过程，是一个全身心投入、彼此产生共鸣的过程，因而具有潜在性的特点。

（4）长效性

运用教育方法，可以帮助和引导大学生树立正确的世界观、人生观和价值观，从而对他们的行为起到持久的引导、激励和规范作用。

（三）高校学生管理的其他主要方法

高校学生管理方法一方面要接受管理理论的指导，另一方面又以自身的发展促进管理理论的深化和发展。因为大学生的活动及其形式总是千变万化的，现实的条件也不可能是一成不变的，因而实际的管理不可能照搬照套固定模式。采用任何管理方法都要有一定的灵活性，要具体问题具体分析，过分执着于信条往往事与愿违。

1. 目标管理方法

目标管理是由管理大师彼得 · 德鲁克（Peter Drucker）于 1954 年提出来的。德鲁克认为，为了充分发挥不同组织成员在计划执行中的作用，协调他们的努力，必须把组织任务转化成总目标，并根据目标活动及组织结构的特点分解为各个部门和层次的分目标，组织的各级管理人员根据分目标的要求对下级的工作进行指导和控制①。目标管理要求组织内的每一个人、每一个部门全力配合实现组织的目标，对于分内的工作自行设定目标，决定方针，制定制度，以最有效能的方法达成目标，并经由检查、绩效考核来评估目标达成状况及尚需改善之处，作为后续目标设定的参考依据。

（1）目标管理的程序

第一，设定目标。设定目标包括确定学校的总目标和各部门的分目标。总目标反映的是学校在未来开展活动所要达到的水平，其实现有赖于全体成员的共同努力。为了协调大学生在不同时间、地点的努力，各个部门的各个成员要确立和学校目标相结合的分目标。这样就形成了一个以学校目标为中心的一贯到底的目标体系。在设定每个部门和每个成员的目标时，高校学生管理部门和学生管理工作者要向学生提出自己的方针和目标，学生也要根据学生管理部门和学生管理工作者的方针和目标制订自己的目标方案，在此基础上进行协调，最后由学生管理部门和学生管理工作者综合考虑后做出决定。具体来说，就是要做到每个院系、每个班级在不同的阶段都要设定不同的目标，如学习目标、实践能力目标、纪律目标、卫生目标以及道德修养和人生理想目标，并以此为努力的方向。同时，目

① 王旭，刘小毛，王华．高校大学生素质教育工作实效与方法[M]．长春：吉林出版集团股份有限公司，2021．

标的设定一定要明确清晰、能够量化，还要适度；既要具有挑战性，又是通过努力可以达成的。此外，还要为目标的实现规定一定的时间，即目标实现要有一定的时间限定，不能无休止。

第二，执行目标。各院系的大学生为了实现分目标，必须开展一定的活动，同时在活动中必须利用一定的资源。为了让他们能够有效地组织目标活动，必须调动必要资源以及授予他们相关的权力。当大学生确立了自己的目标时，就会更加明确自己的奋斗方向。同样，当他们拥有一定的权力时，会更加认真地对待权力的使用并承担相应的责任。这种态度有助于他们充分地展现出自己的判断力和创作力，使目标执行活动有效地进行。

第三，评价结果。评价结果不仅可以用于确定奖惩措施，还可以促进各方面的交流，同时也是进行自我监督和激励的一种方式。评价不仅包括学生管理机构和学生管理工作者对学生的评价，还包括学生对学校的管理机构和工作者的评价。此外，同级关系部门还需进行相互间的评价，并进行各层次的自我评价。互相评价有助于双方传递信息，同时也能够对组织活动产生积极作用。同时，互相评价的横向部门也能够确保各个环节的活动协调有序地进行。学生进行自我评价有助于激发他们的内在动力、提高他们的自我管理能力和推动他们不断完善自己。

第四，实行奖惩。学生管理机构和学生管理工作者对不同成员的奖惩是以上述评价的结果为依据的。奖惩可以是物质的，也可以是精神的。公平合理的奖惩有利于维持和调动大学生饱满的工作热情和积极性，奖惩有失公正，则会影响大学生行为的改善。

第五，确定新目标。结果评价与成员行为奖赏既是对某一阶段组织活动效果以及成员贡献的总结，又为下一阶段的工作提供了参考。在此基础上，为各组织及其各层次、部门的活动制定新的目标并组织实施，便展开了目标管理的新一轮循环。

（2）实施目标管理应遵循的原则

①授权原则。在大学生实现目标的过程中，学生管理工作者要适当将权力授给学生。

②协助原则。学生管理工作者要给学生提供有关资讯及协助，并且要帮助他们排除实际执行中的困难，解决问题。

③训练原则。作为学生管理工作者，一方面要进行自我训练，以不断提高自己的管理水平；另一方面还要训练学生，帮助他们掌握相关的方法。

④控制原则。目标的实现是有期限的，为了确保目标的顺利实现，学生管理

机构和学生管理工作者在每一阶段都要对学生的活动加以监督，及时解决出现的问题。

⑤成果评价原则。成果评价原则由一系列原则构成，包括公开、公平、公正和成果共享原则。坚持公开原则就是要求公开评估，如学生进行自我评估，学生管理工作者进行客观评估。坚持公正和公平原则就是本着对事不对人的原则对目标达成情况进行客观比较。坚持成果共享原则要求充分肯定学生的成绩，将成绩归于学生。

2．刚性管理方法

刚性管理即以制定规章制度为主要手段，通过约束、监督和制定奖惩规则等方法来管理成员。刚性管理是一种纵向高度集权的、以规章制度为核心的管理方式。规章制度通常以规定、条例、标准等的形式呈现，其重点在于加强对外部的监管和掌控，具有很强的导向性、控制性，其约束力是明确的。俗话说：没有规矩，不成方圆。对于任何组织来说，想要实现有序运作，都需要依据严格的规章制度来进行管理。刚性管理是保证一个组织健康、正常运转所必要的管理方式，它是以“合于法”为基本思路的管理方式。

大学生正处于人生成长的重要阶段，较为敏感地受到外部环境的影响。他们的成长过程可能会受到惰性的影响，同时判断能力和自我控制能力也相对较弱。在个人成长过程中，出现明显的自我矛盾的现象。尽管一些大学生的自我意识较为强烈，却不会有效地调整自身的行为和情绪。个人渴望自主规划、自力更生、自主取舍、自我成长，但受到自身才干、技能和社会条件的制约。在这种情况下，刚性的管理方式不仅是必需的，同时也被证明是行之有效的。刚性管理的目的不在于惩罚学生，而是以法律为基础，规范、约束学生的行为，进而维护学校秩序，提高教育教学质量，提高学生的学习效率，促进学生成长。

刚性管理依靠各类政策、法令、规章和制度来引导学生形成正确的行为。这些具体条文所体现的是管理者的意志，其为学生的行为提供了准确的指引与依据，让学生的行为有了一个统一的标准，使学生放心地、充满希望地在制度框架内自由行动。实施刚性管理，应着力抓好以下几个环节。

（1）依法治校、依法管理，构建宏观管理体系

在主体结构管理的基础上，创建一种新的学生宏观管理体系，结合法律手段，确保宏观管理有序地运行。随着教育活动的不断拓展，教育行为所处的社会环境也发生了许多改变。学生不再被视为学校管理范畴内的从属对象，他们成为学校内部权利的主体，不仅有义务去承担责任，也同时享有相应的权利。2017 年，教

育部发布了新修订的《普通高等学校学生管理规定》，其中列举了学生应享有的六项权利和须履行的六项义务。这一规定为高校的学生管理提供了基础和方向。

（2）制定校纪校规，严格管理

为了维持学校的教学秩序，当学生违反校规而多次犯错时，学校需要采取一些纪律处分措施。在惩戒违纪行为时，必须遵守法律规定和明确的管理制度，不能随意滥用学生管理权限。在处理与学生权益相关的管理事务时，需要按照规定的程序，并进行告知和送达等，以确保程序的合法性、证据的充分性及处分的妥当性。

（3）建立日常工作制度

在学生管理的日常工作中，有很大一部分任务是可以提前预见并按照一定规律进行的。建立规范化的日常工作制度，能够为学生管理工作提供制度上的保证，降低工作成本。

3. 柔性管理方法

柔性管理是相对于刚性管理提出来的。随着 21 世纪的到来，人们对于管理的期望也随之改变。除了要求严谨、规范和科学外，更加注重人与人之间的情感互动和彼此尊重，以达到共同的目的。这种管理理念重视人性，追寻人与人之间的认同和共鸣。越来越多的人开始认可推动人们多层次发展的管理活动。于是，柔性管理便应运而生。在高校学生管理中，学生管理工作者面对的是一群有情感、有追求的学生，因此单一的刚性管理无法处理学生所遇到的问题，需要采用更加灵活的管理方式。这种柔性管理以人为核心，重视心理健康和彼此交流，通过打造协调的组织文化来加强团队凝聚力和向心力，从而激发成员的主动性和创造性。柔性管理在刚性管理的基础上进行改善和提升，旨在使组织更加充满活力。如果说刚性管理更注重表面的静态管理方式，那么柔性管理更着重内在动态的心理协调。就高校学生管理来说，无论是刚性管理还是柔性管理，其关注的核心都在于推动大学生的成才和进步。因而这两种方法在高校学生管理中如同车之两轮，鸟之两翼，是相辅相成的，应该做到“共融、共生、共建”，实现刚柔相济。

对高校学生管理工作者来说，柔性管理的精髓在于以学生为本，注重人文关怀。它强调在尊重大学生人格和尊严的基础上，充分发挥大学生的积极性、主动性和创新精神，使之在大学的学习、生活、能力培养、品格塑造、校园活动以及社会实践方面变被动为主动，变消极为积极，变他律为自律，促进大学生自我管理、自我约束、自我完善，趋善避恶，使之成长为适应社会需要的高素质、强能力的优秀人才。

实施柔性管理，应该遵循以下几点要求。

（1）确立“以学生为本”的管理理念

学生管理工作者在对大学生的管理中必须确立“以学生为本”的管理理念，将“一切为了学生，为了学生的一切，为一切的学生”作为工作的出发点，整个学生工作围绕学生的全面发展来展开。为此，必须改革以管理者和管理制度为中心的传统管理方式，工作方式需要从管理型转变为引导服务型，从说教型转变为示范型，从而展现“以学生为本”的工作本质。在所有工作中，要把确保学生的权益放在第一位，以加快大学生协调发展的进程。将管理与大学生的幸福、价值目标紧密联系在一起，真正做到在感情上感染学生，在人格上尊重学生，在学习上鼓励学生，竭尽所能，为学生提供学习、生活和实践等方面的支持，满足学生多样化的需求。

（2）进行个性化管理

柔性管理的职能之一就是协调，而协调关系只能从个体开始。也就是说，学生管理工作者必须与具体的学生打交道，在打交道中形成共识。心理学家在对魅力的研究中发现，人们对于与自己相似的个体容易保持好感。因此，学生管理工作者应该由个体入手开展工作，进行个性化管理，凡事因人、因事、因时、因地而异，充分考虑学生的个性特点、兴趣爱好、个人定位、个人素质和能力、优势和劣势以及未来的职业目标等因素，既要考虑学生的思想动态、心理变化以及需求的共性，又要兼顾学生不同的性格特点、兴趣爱好、未来职业选择和职业目标的差异性，进行有针对性（必要时可以一对一）的个性化管理。

（3）发挥大学文化的引领作用

大学文化是一所大学的灵魂所在，它在塑造大学个性、凝聚广大师生的力量方面发挥着巨大的作用。健康向上、充满活力且体现时代精神的大学文化对学生价值观的形成、行为的规范、素养的提升具有潜移默化的影响。因此，在柔性管理中，应该发挥大学文化的引领作用，有针对性地将大学文化融于院风、班风、学风的建设之中，以此培养大学生健康向上、积极进取的精神和良好的行为，使之不仅学会做事——掌握知识、发展能力，而且学会做人——养成良好习惯，形成健康人格、优良品德，促进大学生的自我完善和不断成长。

（4）建立健全激励机制

没有激励就没有动力，从某种意义上说，对大学生的管理就是围绕激励展开的，激励是促使大学生自发、自律、主动、有活力和创新能力并不断发展的重要动力。从管理学角度看，人的所有行为皆由动机支配，动机又由需要来引发，无论何种行为，其方向都会指向目标，进而满足需要。基于此，对大学生的管理也必须从培养全面发展的、适应社会需要的人才出发，从大学生的具体需要、动机、行为、目标入手，建立健全大学生激励机制，关注大学生的思想、情感、心理以及行动，帮助大学生进行目标管理，指导大学生进行职业生涯规划。要创造一种激励学生提高素质、强化能力、健全人格、激发创新、追求卓越的文化环境，激发学生夯实专业基础，不断提高能力水平和品德修养，使之成为有理想、有目标、有追求、有能力的优秀人才。

（5）注重身体力行

在管理工作中，实践是至关重要的。如果管理者不能有效地完成自己的工作，就会给其他人造成不好的印象。高校学生管理的形式多种多样，诸如树立典型、进行个别谈心、开展反面警示教育、创造环境等，其中运用最多的是言教，而效果最好的是身教。应当看到，身教重于言教。

当代大学生崇尚人格魅力，高校学生管理工作者要实现对大学生的有效管理，必须首先赢得大学生的尊重。而要做到这一点，除了自身德才兼备以外，还必须以自己的真诚无私去换取学生的真诚无私，以自己的务实强干引领学生的务实强干，如此，学生管理工作者才能以榜样的力量激励学生，以高尚的人格感染学生，以实在的行动带动学生，使之产生强烈的认同感，消除其对抗情绪和逆反心理，使其真正做到言行一致，知行合一。大量事实证明，学生管理工作者的身体力行不仅可以提高管理的水平，同时还可以减少重复劳动和无效工作。

4. 民主管理方法

在当前的高校学生管理工作中，实施民主管理势在必行。对民主的追求是人的一种高层次追求。民主与人的素质有关，大学生作为文化素质比较高的人群对民主会有更高、更切实的要求。对大学生实施民主管理，不仅有助于大学生学习、生活和社会实践活动的有效进行，也有利于大学生实现自身的全面发展。实施民主管理，应着力做到以下几点。

（1）尊重学生的主体性

对大学生进行民主管理，就是要求在对大学生的管理中重视人的因素，也就是重视大学生的主体性，把大学生视为具有独立人格的个体。目前，有些学生管理工作者忽视学生的主体地位和平等独立的人格。例如，部分规章制度是在学生不知情的情况下制定出来并要求学生遵守的，学生在这一过程中完全处于被动地位。再如，为了执行上级任务，部分学生管理工作者忽视学生的主体意愿，单方面强制性开展活动。要实施民主管理，高校学生管理工作者必须改变态度，充分尊重大学生的主体地位，将其视为实现教育目标的主体，实现学校特别是高校学生管理工作者与学生之间的互动，倾听他们的心声，反映他们的要求。重视和尊重大学生，会使大学生更加信任学校和学生管理工作者，进而支持其工作，如此就会实现学校和学生管理工作者与大学生之间的相互信任、相互支持，从而取得良好的管理效果。

（2）正确认识学生的价值

高校学生管理的对象是大学生，高校学生管理的目的在于促进大学生身心健康发展，使其个性得到张扬。在高校学生管理中，应该充分发扬民主，把大学生既看作高校学生管理工作的对象，又看作管理的主体。目前，有些高校的学生管理工作者在进行管理和教育的过程中，缺乏民主，忽视人的自觉性，重制度，轻教育，工作简单粗暴，脱离育人的宗旨，导致师生关系紧张。这种管理方法必须摒弃，应转而采取民主的方法。高校应着力培养大学生的主体意识，引导大学生自我管理、自我教育、自我服务、自主发展等，促使其主体能力最大限度地发挥，为日后走向社会、走向工作岗位打下坚实的基础。

（3）建立学生参与管理的新型管理模式

大学生在心理上处于自我发现阶段，表现出强烈的自我认识和支配环境的意识。相比中学生，大学生更倾向于独立思考，并期望外界尊重他们的意愿和人格。他们会思考学校规章制度和行为纪律的合理性，并希望参与管理，而不是被动地服从和遵守。根据大学生的这一心理特点，高校学生管理应该打破传统的专制管理模式，激励大学生在管理中发挥主动性，鼓励大学生对学校的各项工作进行思考，形成良好的民主管理的氛围，使学生真正参与到高校事务中来，体现学生的主体地位。如建立学校与学生的平等对话关系，让他们参与到教学工作、管理工作、后勤工作、社团工作中来，这样不仅可以减少冲突的发生，而且可以改善学校及学生管理工作者与学生的关系，形成彼此合作、相互依赖、相互尊重、平等对话的良性互动关系和双方主体间的伙伴关系。

5. 系统管理方法

系统管理指的是将互相关联的过程视为一个整体系统来辨识、理解和管理，以便组织快速实现目标。

高校学生管理具有系统性管理的特点，主要表现在以下五个方面。

一是整体性。高校学生管理作为一个系统是由多个子系统组成的。例如，教学管理、生活管理、就业管理等子系统彼此之间是相互独立的，但它们又相互关联、相互约束。根据系统论思想，若学生管理系统中的所有子系统都能够正常运作，那么整个系统的功能表现会更为理想化。即使某些子系统的功能发挥不甚理想，但只要整个系统可以有机地协同工作，通常还是可以达到较好的效果的，这就是所谓的整体大于部分之和。

二是关联性。高校学生管理工作中的各要素既相互区别，又相互联系、相互作用、相互依存，并各有分工。例如，社团管理与社会实践管理尽管分工不同，但彼此之间紧密相连，很多时候会表现得你中有我，我中有你。

三是环境适应性。特定的环境会造就特定的管理，高校学生管理离不开特定的环境。例如，大学生专业知识的学习、实践能力的培养、品格素养的提升等都需要在一定的环境中进行，离开一定的环境是不可想象的。学生管理工作只有具备了环境的适应性，能够顺应环境、有效利用环境提供的有利条件，才会富有成效。

四是动态平衡性。学生管理系统的不同要素需要在时间、空间和资源上进行不同的组合，以适应社会宏观环境的变化，对宏观环境要保持灵敏的适应性。例如，在当今金融危机背景下，社会对大学毕业生的素质能力提出了新的要求，上手快、学习能力强、富有创新精神成为许多用人单位的共同诉求。这就要求学生管理工作必须改变传统的重知识灌输、轻学习能力和创新能力培养的教学管理模式，变单纯的知识教育为知识与能力培养并重，加大社会实践的力度以满足社会需求。同时，系统需要动态平衡，确保各要素在各环节上有适当的占比，避免系统内部出现失衡的现象，影响正常运作。

五是目的性。高校学生管理系统是一个具有多重目标的系统。在这一系统中，既有总的目标，又有分目标，总目标、分目标有机结合形成一个目标体系。通过不断优化目标体系，实现资源的有效利用。例如，一方面要最大限度地利用学校资源，另一方面还可以争取社会上一切可能的资源为我所用，以此推动学生管理工作顺利开展，使之为学生提供更大的发展空间。

在高校学生管理工作中实施系统管理，应着力抓好以下六个环节。

①建立一个多维立体的高校学生管理体系，以更好地实现管理目标。这个体系的内容应当包括：一种满足大学生学习、成长及未来发展需求的管理模式，一个适合高校学生管理的组织结构，一种科学的高校学生管理工作规章制度，一套有效的管理方法和规范化的工作系统等。

②正确理解和掌握体系内各进程之间相互依存的关系。在一个体系中，各个进程之间是密不可分的，一般会相互影响。所以，高校学生管理工作者必须通过协调和配合来确保学生工作管理全过程的顺利进行，并实现协同效应。

③每个部门和员工都必须清楚地认识到，为了实现共同的目标，他们需要发挥自己的作用并承担相应的义务。为了成功达到高校学生管理的要求，属于同一系统的各层次和部门的管理人员必须各司其职，这样可以减少职责交叉造成的问题。

④高校学生管理的决策者必须准确判断各个管理部门的组织能力，在行动前确定资源的局限性，避免因决策失误或考虑不周而造成人力、物力、财力的浪费。

⑤制定目标后，需要制订计划和方案，明确怎样高效地开展活动，以此快速实现目标。

⑥利用测量和评估不断完善体系。通过深入研究并制定成熟的测量和评估规范，探索建设一个完整的评估体系，加强对评估体系和规范的研究，以确保及时评估和监控。这将协助高校不断提升高校学生管理的质量，更好地开展管理工作。

第二章　高校学生德育工作管理

高校德育工作任重而道远。高校德育工作是一项系统工程，在我国高校的全方位工作中始终处于首要位置。高校要将立德树人作为其全面发展的根本任务，开展全员、全过程、全方位（“三全育人”）的德育工作。高校德育工作的核心就是要引导当代大学生具有较强的道德认知和鉴别能力，使其积极投身于道德的自我实践中，能够明大德、守公德、严私德，自觉以社会主义核心价值观为指导，不断历练新时代道德品质，引领道德新风尚，为实现中华民族的伟大复兴添砖加瓦。

第一节　高校学生德育工作管理的内涵、特征及意义

一、德育工作管理的内涵

（一）德育

古今中外均高度重视德育。中国古代，德育在各类学校的教学活动中均排在首位。早在西周便开展“六艺”教育，即礼、乐、射、御、书、数，将“礼”放在“六艺”之首。在中国古代封建社会中，封建地主阶级极力宣扬“三纲五常”，同化思想共识，以达到德育的目的。在西方，封建地主阶级为巩固其统治阶级的地位，往往将宗教教条作为德育的主要内容。

所谓德育，是指教育者在一定社会阶级的要求下，有计划、有目标、有步骤地对受教育者进行一定意识形态的教育，将特定阶级的社会思想和社会意识转化为个体的思想和意识的教育。在阶级社会中，德育是统治阶级管理被统治阶级的无形工具，为统治阶级所服务，具有鲜明的阶级性。德育内容应包含思想教育、政治教育、道德素质教育、法治教育、心理健康教育。思想教育通过教师讲授理论知识和大学生参与社会实践活动等方式开展，目的是帮助受教育者形成正确的

价值观，端正政治态度；政治教育旨在通过教育，使受教育者坚定政治信念，坚守政治方向，具有政治敏锐性；道德素质教育旨在通过道德理论知识的教育及实践，使受教育者自觉遵守社会道德规范和遵从一定的伦理思想；法治教育旨在通过对受教育者进行法律常识、社会规章制度等的教育，营造每位公民都懂法、守法的社会氛围；心理健康教育旨在通过对受教育者进行心理健康知识的教育，使受教育者具有良好的心理素质，有积极进取的人生态度，有乐观向上的生活方式，有意志坚定的心理品质。

（二）高校德育

任何国家的高校均有一个根本任务：培养人。但不同的社会性质、不同的社会制度具有不同的教育目标和教育方式。培养什么样的人、如何培养人是每个高校必须解决的根本问题。党的二十大报告很明确地指出了我国高校的目标是要培养能够担当民族复兴大任的时代新人。高校德育是一个复杂的系统工程，具有崇高的目标和丰富的内容，需要通过多种形式对大学生进行思想引领、政治教育、道德品质塑造、心理沟通与疏导。

德育作为我国社会主义发展与实践的重要维度，不仅可以加强社会主义的意识形态教育，而且可以使大学生感受社会主义的优越性，激发对祖国的热爱和自豪感。现阶段中国作为社会主义国家，德育的培养目标和任务要与社会主义德育目标相统一，要以立德树人为根本任务，将个人的发展与祖国的繁荣结合起来，将个人利益与国家利益结合起来，将培养合格的社会主义接班人作为奋斗目标。大学阶段是人生中最有发展潜力的阶段，塑造良好的道德品质显得尤为重要。每位学生踏入大学校门，便开启了人生的新阶段，需要确立新目标。要让他们合理规划大学四年的生活，追求有价值、有意义的人生。要实现这个目标，关键在于高校德育的引领：通过道德教育与德育实践活动相结合，使学生形成正确的世界观、人生观和价值观，塑造良好的道德品质。

（三）高校德育工作管理

德育与德育工作管理是两个容易混淆的概念。德育是教育者与受教育者的双向互动，是一种使受教育者形成一定思想品德的育人活动，是德育工作管理的主要内容。

德育工作管理是为德育工作服务的，它不仅有教育者与受教育者的双向互动，还有教育者单方面的工作及活动，如为实现德育工作目标而制订德育实施计划、组织德育活动、评估德育成效等。德育工作管理是在一定的社会条件下形成和发展的，在不同的社会制度中，德育的目标不一致，德育工作管理的模式也有所不同。可见，德育工作管理与社会制度、社会性质有着密切的关系。德育工作管理是指在特定的社会环境中，依据社会制度对德育目标和德育性质的规定，通过有计划地组织、协调、教育、考核、评价等方式，对特定对象开展道德教育，有效增强德育实效的一种管理活动。高校德育工作管理以高校为依托，根据德育的目标和德育性质，通过对高校各部门进行组织、协调、教育、考核、评价，不断加强对大学生的教育与引导，以便实现高校立德树人的根本目标。

高校德育工作管理是一种特殊的管理活动，以实现对大学生的立德树人为根本目标，以学生工作处和马克思主义学院为主要部门，各部门通力合作，共同营造德育氛围，形成德育的强大合力，不断增强德育工作的实效。高校德育工作管理的核心就是要引导当代大学生具有较高的道德认知水平和较强的鉴别能力，积极投身于实践中，能够明大德、守公德、严私德，自觉遵守道德准则，自觉培养良好的道德品质，做新时代的优秀青年。

二、德育工作管理的特征

（一）阶级性

在阶级社会中，德育工作及德育思想均反映统治阶级的根本利益和基本要求，具有鲜明的阶级性。在中国古代的封建社会中，德育工作强调封建宗法的人伦道德观，宣扬“学而优则仕”“三纲五常”“修身、齐家、治国、平天下”等，以儒家思想为主流的德育思想影响着封建社会，具有鲜明的阶级性和政治性。任何国家的德育均具有鲜明的阶级性，都符合统治阶级宣扬的思想、道德、政治等，都是统治阶级为了维护自身的统治地位，用意志培养人的方式宣传有利于自身统治的基本观点，以期得到教育对象的认同。马克思主义从诞生之日起，就旗帜鲜明地为工人阶级和人民群众服务，我们坚守马克思主义的德育观就是要为人民服务，做新时代中国特色社会主义事业的合格建设者和接班人。

我国的德育工作管理具有鲜明的无产阶级性，遵循自身发展的规律，为无产阶级事业服务，为社会主义社会的和谐与稳定服务，不断推动社会的发展与进步。作为社会主义国家，我国的高校德育工作管理要坚持马克思主义德育观，坚持社会主义核心价值观，以培养合格的社会主义建设者和接班人为目标，体现社会主义国家意志，体现为广大人民群众服务的性质。

（二）育人性

德育工作管理以阶级性为基础，以育人为目标，在一定程度上维护了社会的和谐稳定，维护了国家的长治久安。以儒家思想为核心的中国传统道德观念，强调要培养良好的道德品质，要与人为善，要与别人和谐共处。在西方资本主义国家，将“四枢德”作为人的基本德行。高校德育工作强调以育人为目标，注重培养学生的思想道德素质，将学生培养为合格的社会主义建设者和接班人。一个合格的人才是德才兼备的，有德之人其知识才更为可贵，其聪明智慧才更可取。一个知识丰富的人，如果没有良好的道德素养，没有责任担当意识，缺乏善良的情怀，其聪明才智必定也是有限的。大学生是祖国的未来，是民族复兴之栋梁，需要不断加强道德建设，把他们培养成中国特色社会主义事业的建设者和接班人。

（三）实践性

德育工作管理具有很强的实践性，需要通过实践检验工作成效。首先，德育工作管理需要建立在大量实践研究的基础之上，需要在长期的实践工作中总结和归纳进而提炼。德育工作管理直接源于德育工作的实践，在实践的基础上，分析研究，总结提炼。其次，德育工作管理是为了指导德育实践，指导德育的理论教学工作和社会实践活动，具有很强的应用性，目的是通过德育实践经验的概括和总结，使德育工作更为科学化，更有实效性。最后，德育工作管理的科学性必须通过实践进行反反复复的检验，只有通过实践检验的才是正确的理论。由此可见，德育工作管理离不开实践，其在实践的基础上形成并指导实践，还要经过德育实践的检验校正，并随着德育实践的发展而完善。

（四）继承性

德育工作管理不是一蹴而就的，从古至今，只要存在德育就会有德育工作管理，德育是德育工作管理的核心内容，德育工作管理为德育提供了指导和保障。德育具有继承性，德育工作管理同样具有继承性。德育工作管理是社会政治、经济、文化发展的产物，它随着社会的发展不断完善，取历史之精华，在继承前人的优秀思想观点和社会实践经验的基础上，与时俱进，不断发展。以儒家思想为代表的传统德育思想从古到今，源远流长，诚信、爱国、善良等核心德育观念千古流传，并不断被赋予新的时代特点。在国外，德育工作同样具有继承性，古希腊的人本主义在西方德育思想中一直占据重要位置，成为西方精神世界的核心内容。德育工作者在传承德育理念与德育方法的同时，也传承了德育工作管理的经验，为后人留下了宝贵的财富。可见，继承性是德育工作管理的重要特点，是德育传承的前提及保障。

三、德育工作管理的意义

正如自然资源具有有限性一样，德育资源同样具有有限性。这种有限性来自时间、空间二维的限制，使德育仅在特定时间、特定范围内具有良好的教育效果。

（一）有利于提高对德育工作对象的认识

德育工作管理的对象是受教育者，受教育者具有社会性、能动性、层次性、可变性等特点，只有熟知受教育者的特点，才能合理利用教育资源，增强德育工作的实效。

1. 德育工作管理对象的社会性

德育工作的目标是使受教育者能够将道德内容内化于心、外化于行，能够自觉践行道德准则。然而，德育的对象是人，是社会化的人，是具有社会性特点的人。人在创造物质财富的过程中也极大地丰富了自身的精神生活，尤其是随着互联网和大数据的快速发展，人的知识得到极大的丰富，思想境界得到极大的提升，这不断加大了德育的难度。受教育者生活在现实的社会环境中，他们所处的生活环境及周围环境对其道德品德的形成与发展具有重要的影响，极易引起其道德意识的变化与发展。德育对象不是生物意义上的人，而是处于复杂社会关系中的人，社会化的教育对象具有很强的复杂性。不同的社会背景、不同的社会关系塑造不同的教育对象，德育工作者只有深入了解教育对象，才能有针对性地开展德育工作，才能使德育富有成效。

2. 德育工作管理对象的能动性

德育工作管理对象是受教育者，受教育者具有主观能动性，是有思想、有意识、有判断力及实践能力的社会中的人，不可能完全被动地接受德育内容的灌输及渗透，因此需要对其开展能动的教育活动。在高校中，德育工作的教育对象是大学生，他们朝气蓬勃，对事物充满好奇，具有强烈的求知欲，迫切希望能够掌握更多的方法，充实自己的精神生活。德育工作者如何激发受教育者的求知动力和培养其良好的道德品质，是德育工作管理需要深入思考的内容。让被动变成主动，让能动转化为动力，自身需求才是向上的核心。德育的任务是使受教育者向着正确的方向发展，使受教育者能够抵御错误思想的侵蚀，不断增强自身的免疫力，减少或避免错误思想的影响，使自己成为建设祖国的有用之才。

3. 德育工作管理对象的层次性

德育工作管理对象情况复杂、千差万别，具有明显的层次性特点，依据不同的角度可以划分为不同的类型。从受教育者的年龄进行划分，可以分为少年、青年、中年及老年，不同的年龄具有不同的特点。随着年龄的增长，受教育者的知识水平、德育素质及综合能力均得到相应提升，因此德育工作需要针对不同年龄特点的对象进行不同方式及不同内容的引导与教育。从地域上进行划分，可以分为东部、中部和西部。它们不仅具有城乡差异，而且经济发展水平高的地区和经济发展水平低的地区的受教育者，其思想层次具有很大的差异。经济发展水平高的地区的受教育者容易接受新生事物，而经济发展水平低的地区的受教育者思想相对保守，对新生事物的反应往往较为迟缓。对于不同地域的受教育者同样需要采用不同的教育方法，有针对性地开展教育。德育工作者只有准确把握教育对象的层次性，才能有效地开展德育活动。

（二）有利于加强德育工作队伍建设

德育工作队伍建设是关系到德育工作管理目标、内容、实施、评估、考核等能否落实，德育活动能否取得成效的重要问题。加强德育工作队伍建设是提高德育工作管理实效的关键，关系着德育之成败大局。而加强德育管理工作，必然会促进德育工作队伍的建设。

1. 提高德育工作者的基本素质

一个合格的德育工作者应具备良好的政治素质、思想素质、道德素质和心理素质。在政治素质方面，对于德育工作者来说，在任何情况下都要坚持社会主义的政治方向，做坚定的社会主义的捍卫者和引路人，具有鲜明的政治立场，坚决维护党和人民的根本利益，时刻与党中央保持一致。在思想素质方面，德育工作者要树立社会主义思想意识，系统掌握马克思主义理论体系，自觉传播马克思主义及中国特色社会主义思想，具有严谨的思想作风，实事求是，一切从实际出发，并能够运用马克思主义基本观点和方法一分为二地看待事物，科学地解决自身及受教育者的思想认识问题。在道德素质方面，德育工作者要具有科学的道德认识、崇高的道德信念、高尚的道德品质，能够熟知社会主义道德理论及规范，坚定共产主义信念，自律性强，时刻以德育工作者的身份严格要求自己践行社会主义德育观。在心理素质方面，德育工作者要具有顽强的意志、稳定的性格、良好的心态，要具有强烈的责任心、事业心和使命感，无论成败均能沉着镇定，保持冷静，能热情、友爱、宽容、平和地待人处事，能积极克服困难，保持乐观、豁达、舒畅的良好心境。

2. 提高德育工作者的基本能力

德育工作者必须具备组织管理能力、分析研究能力、宣传教育能力、信息处理能力和语言表达能力。在组织管理能力方面，德育工作者不仅要健全组织机构，明确各自岗位的职责，能够各司其职、各尽其能，而且要具备组织受教育者接受教育的能力，能够根据教学的需要，科学分班，做好教学计划，讲授教学内容，确保德育活动能够顺利开展。在分析研究能力方面，德育工作是一个系统工程，涉及社会的各个方面，德育工作者要具备较强的调查研究能力，善于观察、分析受教育者所处的环境，具有较高的理论研究及分析问题的能力，能够准确地运用归纳演绎等科学方法对问题进行综合的分析，做出准确的判断。在宣传教育能力方面，德育工作者能够积极宣传党和国家的路线、方针、政策，及时宣讲备受教育对象关注的国内外大事，宣传我国建设取得的新成绩，对受教育者有目的、有计划地开展宣传教育活动，做受教育者的良师益友，指导受教育者不断提高自身的思想道德素质并塑造良好的道德品质。在信息处理能力方面，德育工作管理者及德育工作者要对国内外大事及受教育者关心的事件保持极强的感知力，保持信息的畅通。上下级之间及时反馈重要信息，加强与受教育者之间的信息交流，及时发现问题，准确把握动态，为解决问题提供依据。在语言表达能力方面，德育工作者要具备较强的文字表达能力、语言表达能力，能够根据宣传教育的需要，及时撰写宣传稿、新闻稿、通知、论文等，能够把握受教育者的心理特征，开展示范、引导、说服教育等活动。

3. 优化德育工作队伍结构

德育工作队伍结构主要涉及德育工作队伍的人员结构、知识能力结构、年龄结构及性别结构。在人员结构方面，专指人员的专职和兼职构成情况，这直接关系到德育效果。专职人员是德育工作队伍的核心和主干，在德育活动中起主导作用，而兼职人员作为重要的补充，能够积极地协助专职人员做好本职工作，专兼结合、优势互补，业务精进、各司其职，共同做好德育工作。在知识能力结构方面，通才与专才相结合，由本科、硕士、博士组成多层次的人才队伍结构，不仅要具备较为扎实的马克思主义理论知识，而且要具有敏锐的识别能力、洞察能力、驾驭问题及处理问题的能力，能够透过现象抓本质，根据受教育者思想问题的性质、特征，有针对性地采取措施，解决棘手的问题。在年龄结构方面，要构建正三角形的年龄结构模式，即青年人多于中年人、中年人多于老年人的结构。中年人为德育工作队伍的主干，青年人作为突击力量，老年人起到决策作用。这种结构既有利于培养德育工作队伍的骨干，又能够源源不断地培养接班人。而在性别结构方面，要考虑到受教育者的男女结构比例，合理配备男女德育工作者，做到性别不单一，积极发挥互补效能，共同做好德育工作。

（三）有利于增强德育工作的实效

1. 有利于实现德育工作管理的科学化

德育是中华民族实现伟大复兴的中国梦的中心环节，是党和国家实现每个阶段奋斗目标的关键环节。在不同的历史阶段，德育均发挥了积极的引导与教育作用。当前我国仍处在社会主义初级阶段，在发展市场经济的过程中，市场的自发调控和国家的宏观调控发挥着重要作用，但道德的调节一直在发挥着重要的作用。鉴于此，新时代必须继续坚持对人们进行道德教育，引导与教育人们形成良好的道德品质，进而增强道德在各个领域的调节功能。然而，当前德育工作管理还有待进一步完善，其内容、方法、管理体制、队伍建设等还不能满足新时代新形势国家发展的需要，亟须改进。新时代的德育工作管理要更为系统化、科学化、规范化，要更为明确德育工作管理的社会价值是什么；德育工作管理的内容是什么，目标是什么，任务是什么，方法是什么；德育工作的现状是什么；如何加强德育工作管理；等等。通过对这些方面进行进一步研究与实践，才能使德育工作管理更为科学。

2. 有利于促进国家的和谐稳定

改革开放 40 多年来，中国的面貌焕然一新，中国特色社会主义进入新时代。为了实现中华民族的伟大复兴，需要一代代新人来推动，而在对一代代新人的教育中，道德教育均摆在首位。德育是德育工作管理的核心任务，加强一代代新人的德育工作更是德育工作管理的根本任务。加强对德育工作管理的研究能使德育工作更好地承担这一根本任务，培养和塑造建设社会主义的接班人，更好地为祖国服务，促进国家的和谐稳定和繁荣富强。我国进入了新时代，我们在迎接新的发展机遇的同时，必将面临新的挑战。受教育者会产生新的思想问题，会面对新的利益调整，会面对新的道德考验。如果不能及时进行道德教育与引导，就会影响经济建设的发展。而只有解决这些问题，才能不断提高人们的道德素质，才能进一步发挥意识的能动作用而促进经济发展，促进社会的和谐稳定。

3. 有利于提高受教育者的道德素质

加强德育工作管理的最终目的是做好德育工作，提高受教育者的道德素质，锤炼其道德品质，促进其全面发展。加强德育工作管理，能够不断明确新阶段德育工作的目标和任务，能够加强德育工作队伍的建设，能够进一步了解受教育者的新特征，能够更高效地开展德育工作。只有加强德育工作管理，才能系统地掌握德育理论，才能有针对性地开展德育实践工作，进而提高受教育者的思想道德素质。此外，在对德育工作管理的研究中，应不断掌握受教育者思想行为变化的新规律、新特点，不断掌握德育工作的新规律、新方法，以便更高效地开展德育工作，减少盲目性，提高针对性，使得德育工作更好地为塑造人们良好的道德品质服务，使得意识形态能更好地作用于经济基础，共同发展，和谐发展。

第二节　高校学生德育工作的问题与困境

一、高校学生德育工作的现状及问题

随着互联网的飞速发展及信息处理技术的快速革新，人类进入了大数据时代。大数据时代的到来，给高校德育工作既带来了机遇，又带来了挑战。

（一）德育工作队伍素质有待提升

新时代，我国高校已确立了党委统一领导，各部门齐抓共管，专职队伍担任德育骨干的德育工作模式。第一，马克思主义学院的专任教师负责课堂教学活动，主抓教学的主阵地，在课堂教学中讲授德育理论内容。第二，以辅导员为主的学生工作人员通过德育实践活动、知识竞赛、志愿服务、树立典型等方式，帮助大学生形成良好的道德品质。第三，学生管理组织如学工处、团委、保卫处等负责学生行为规范的管理及监督部门，注重培养学生多方面的能力。第四，党委宣传部负责宣传工作，积极营造良好的校园氛围，潜移默化地塑造学生的良好品德。德育工作各职能部门各尽其责，努力做好本职工作，打造大德育平台，为提高大学生的思想道德素质服务。

高校德育工作在各部门的共同努力下取得了一定的成效，但德育工作的有效推进，仍需要建立专业化的德育队伍，原因如下。第一，长期以来，很多人将思想政治教育与德育直接画等号，使得高校中的德育工作队伍主要由思想政治教育队伍组成。随着社会的快速发展及学生个性化的发展，仅仅依靠思想政治教育队伍加强德育工作是远远不够的，需要构建专门的德育工作队伍。第二，现阶段德育内容已进一步拓展，包含思想教育、政治教育、道德教育、法治教育、心理健康教育等内容，形成了大德育模式。鉴于此，仅仅依靠现有的德育工作者是不够

的，需要提高德育工作队伍的专业化水平，提高教师的学历水平，以满足德育工作发展的需要。第三，当代大学生大多为“00后”，虽然物质条件相对较好，但心理问题日渐增多，亟须在数量上配齐心理学专业的德育工作教师，不断提升这支队伍的整体素质。

（二）大学生处于被动地位

高校德育工作方法是高校德育教师有效传播德育内容的主要途径，是实现德育目标的有效形式。当前高校德育工作常用的德育方法有以下四种。第一，灌输法。灌输法是我国德育教师在课堂教学中经常使用的方法。课堂是德育教育的主阵地，向受教育者灌输马克思主义基本理论、中国特色社会主义的基本思想，用科学的、先进的理论武装当代大学生，提高大学生的认识水平和思想觉悟，进而使其形成正确的德育观。第二，示范法。通过树立先进典型的方式，引起学生思想情感的共鸣，使课堂教学中抽象的理论更加具体化、生动化。高校德育工作者在进行示范性典型选择时，要尽量为大学生树立身边容易贴近的目标，有利于调动大学生的积极性，增强德育的实效。第三，激励法。通过“优秀党员”“先进标兵”等荣誉表彰的方式让学生懂得自己的优秀是得到学校及社会认可的，这些优秀学子在得到精神需求满足的同时还能够努力奋进，争做标兵。第四，实践法。古今中外均重视社会实践对于内化理论知识的重要性，中国古代德育强调“知行合一”，马克思主义哲学强调实践是检验真理的唯一标准。大学生对社会的接触相对较少，缺乏社会实践的磨炼，只有将德育的理论知识融入实践之中才能更好地让学生吸收。

高校德育工作方法形式较多、多管齐下，取得了良好的教育效果，但在德育活动中，大学生作为受教育者，往往处于被动接受的状态，缺乏主动性，这影响了德育的实效。具体表现为以下两点：第一，课堂教学缺乏大学生的主动参与。大学生本应该是教学活动的主体，但往往习惯了被动地接受，缺少主动学习。德育教师未能充分调动大学生的积极性，影响教学效果。第二，实践活动多由教师进行设计，缺乏大学生的自主创造性。实践的目的是将课堂的理论知识转化为实践技能，使德育知识进一步内化为个人品质。因此，大学生积极参与设计教学活动更有利于进行自我吸收、自我塑造。

（三）部分大学生道德素质亟待提高

新时代的大学生道德品质高尚，具有乐观向上的积极态度，自觉遵守社会主义道德观，能够以民族的伟大复兴为己任，具有强烈的责任意识和使命感。具体表现在以下四个方面：第一，热爱祖国，乐于奉献。当代大学生应热爱祖国，能够将国家和民族的命运与个人梦想有机结合，乐于服务人民、奉献社会，自觉将小我融入国家及社会的大我之中，不断提高自身的专业技能水平，在真善美的统一中塑造自己，奉献社会。第二，勇于担当使命。大学生应努力学习科学文化知识，认真钻研，大胆探索，奋勇争先，勇于担当社会责任，努力将自己打造成德、智、体、美、劳全面发展的合格人才，愿意在祖国最需要的地方建功立业。当代大学生正迎接着全球新一轮科技革命与产业革命的挑战，他们思想活跃、意气风发、朝气蓬勃，敢于挑战新事物，具有改革创新精神，能够经得起创新实践的考验，勇做科技强国的实践者。第三，合理利用网络，做虚拟社会的主人。当代大学生要能够借助网络获取信息，开阔视野，将网络作为探索世界及提高自我的工具，具有良好的网络自律性，并能够尽自己所能引导网络舆论，传递正能量，积极营造良好的网络社会氛围。第四，具有正确的道德判断力、坚定的道德信念。面对风云变幻的世界格局，大学生要具有强烈的社会主义道德认同感，能够正确地判断是非，自觉抵制假恶丑，自觉践行真善美，不断磨炼意志，坚定社会主义和共产主义道德信念，塑造良好的道德品质。

大学生应是中华民族的栋梁之材，但有些大学生的思想道德素质亟待提高。具体表现在以下四个方面：第一，空谈爱国，以自我为中心。这些大学生经常将爱国作为一句口号，在大是大非面前不知所措，无所适从，往往以自我为中心，忘却了自身的责任与使命。第二，安于现状，随波逐流。跨入大学校门，他们沉浸在美好的象牙塔中，按部就班地学习、生活，没有规划，没有目标，得过且过，顺其自然，缺少大学生应有的朝气、活力及拼搏精神。第三，沉溺于虚拟世界不能自拔。海量的信息鱼龙混杂，使得一些大学生无所适从，甚至一些大学生失去了辨别能力，沉浸在虚拟世界中不能自拔。一些大学生沉溺于网络游戏之中，早已忘却自身的使命；一些大学生沉溺于追剧之中，即使在课堂上也是“低头族”，双眼直盯屏幕；一些大学生沉溺在聊天及碎片化的信息中难以自拔。第四，道德观念缺失。大学生本应该明事理，但一些大学生缺乏是非判断能力，无法认知真善美，缺乏社会责任意识，无法克服学习、生活中的困难。

二、高校学生德育工作的实施困境

（一）德育工作组织实施有待全员化

当前我国高校德育工作已形成党委统一领导，党政齐抓共管，以专职人员为骨干，全体教工和学生广泛参与的大德育工作组织模式。德育工作以专职人员开展课堂教学为主阵地，在校园的主场所开展。这种组织形式具有三个特点：第一，独立性。各部门各机构职能和职责的划分较为明确，各司其职，各尽所能地完成自身的德育工作任务。第二，全员性。不仅马克思主义学院的专任教师宣讲德育理论，学生工作处、团委、各二级学院均通过一定的形式开展德育活动。第三，主导性。思想政治理论课教师作为专职的德育教师，把握德育教学的主阵地，重点突出，积极起到德育工作的主导作用。

然而，大学生是社会性的人，仅仅靠高校开展德育工作往往势孤力薄，需要形成高校、家庭、社会三位一体的立体化的德育工作组织模式，如此才能共同做好德育工作。只有构建高校、家庭、社会三位一体的德育大平台，才能打造立体化的大德育模式，增强德育工作的实效性。一方面，高校德育工作管理者要整合学校、家庭、社会的资源，构建立体化的组织模式，主动联系家长和地方党政机关等，得到家长和社会的广泛支持和配合；另一方面，高校德育工作者要与家长、社会相关单位联系人相互合作，共同制定德育规划，共同营造良好的德育氛围，不断增强德育的实效。

（二）德育工作队伍有待专业化建设

随着社会的发展，大学生的思想道德状况变得越来越复杂，呈现出个性化特征，主要表现在：一方面，大学生的自主意识不断增强。当前大学生多数是“00后”，他们在学习、生活中具有更多的自主意识，不愿意接受统一的教学模式及教学方式。另一方面，大学生的个性化逐渐显现。每位大学生的成长环境不一样，社会背景不同，其性格、生活习性等也呈现出较强的个性化特征。

高校大学生的思想道德状况呈现出复杂的局面，但高校德育工作队伍并未发生显著变化。具体体现在：第一，思想政治理论课教师相对稳定，但作为重要力量的辅导员，经常会面临岗位流动的问题。第二，辅导员队伍缺乏专业性。很多高校因考虑到大学生的专业特点，往往选配专业相近的辅导员，这些专业的辅导员没有较强的德育理论功底，在开展德育工作时面临困境。

（三）德育工作评估体系有待科学化

高校德育工作评估是高校根据一定的量化标准对德育过程及德育效果进行评判进而得出德育成效结论的过程。德育工作评估活动是有计划、有目的的自我评价德育效果的活动，旨在提高德育工作水平，增强德育的实效。高校德育工作是一项系统工程，德育工作体系应包括：第一，组织机构、德育工作队伍建设情况；

第二，马克思主义理论课、思想政治教育课、心理健康教育课、“三全育人”活动、党团活动、志愿服务活动、社会实践活动、校园文化活动等的开展情况；第三，学校规章制度的建设情况，尤其是校纪校规对德育工作的影响情况；第四，学校德育的实施效果；第五，学生的评教等反馈情况。高校德育工作评估要囊括以上德育工作体系的基本内容，只有评估内容规范化、科学化、制度化，才能使德育工作更为科学化。

当前，我国高校德育工作在评估体系的建设上还有待进一步科学化。为此，可从以下两个方面出发促进德育工作评估体系的科学化。一方面，将实证法引入德育工作评估体系。国外高校在德育工作评估方面往往通过实验法、教育评估法开展，强调德育工作评估的实证性。我国高校可借鉴国外的实证法，将德育工作评估建立在观察和心理测验的基础上，增强德育工作评估的科学性，避免主观评价的片面化，使德育工作评估更为客观、更为合理、更为科学。另一方面，将德育工作评估与道德品质的形成规律相结合。道德品质的形成往往要经历从“他律”到“自律”的过程。在他律阶段，完全是强制性的行为，告知受教育者什么是对的、什么是错的，使受教育者有基本的是非观念。在自律阶段，受教育者逐渐形成道德观念、道德情感等自我约束的意识。德育工作进入自律阶段，标志着受教育者已主动进行自我教育、自我塑造，能够担当社会责任。如果将大学生德育形成的他律、自律阶段引入德育工作评估体系，那么将进一步促进德育工作评估体系的科学化。

第三节　高校学生德育工作的方法与策略

一、示范性：塑造榜样人物

（一）榜样示范法

榜样示范法通过展示先进人物的事迹，从而启发受教育者，鼓励他们向先进人物学习，提高思想认知和道德素质。通过展示具体案例，榜样示范法可以将抽象的德育理论具体化、现实化，更加亲近大学生的学习和生活。通过这种方式，受教育者更容易吸收这些理论，从而更有效地促进德育教育。榜样示范法首先要寻找典型，树立榜样人物。榜样人物是指具有高尚的道德品质，能够用高尚的行为激励人们学习及模仿的先进人物。榜样人物既包括在特定历史背景下涌现出的爱国奉献、忠贞报国的历史人物，也包括在现实生活中及平凡岗位上兢兢业业、无私奉献的具有崇高道德品质及广泛影响力的人物。

古今中外，各行各业都涌现出榜样人物，他们的先进事迹和崇高的道德品质值得每个人学习。这些榜样人物涉及生活中的方方面面：有的是忠贞报国的榜样，有的是见义勇为的榜样，有的是助人为乐的榜样，有的是扶危济困的榜样，有的是诚实守信的榜样，有的是爱岗敬业的榜样，有的是敬老爱幼的榜样，等等。这些榜样人物用自己的行动奏响了美好生活的主旋律，用平凡中的不平凡事迹感染着每个人。

（二）向榜样人物学习

大学生是祖国和民族的栋梁之材，应自觉担当历史重任，应坚定理想信念，培养良好的道德品质。高校德育工作在示范性工作上的重要任务不仅是宣传典型的榜样人物，更重要的是寻找大学校园中身边的榜样。一些大学生认为榜样人物离自己太遥远，怎么努力都无法够着。然而榜样人物就在我们的身边，从自己开始做起，从身边的小事开始做起，日积月累，只要能认准目标并做到持之以恒，便会越来越接近榜样人物。高校每年可以通过量化的标准评选 1 至 2 名榜样人物，身边的榜样更加贴近大学生的生活，更容易使广大学子找到发展的方向并进行合理的规划。高校德育工作者要善于发现大学校园中的榜样人物，树立身边的先进典型，多渠道宣传先进事迹，潜移默化地影响大学生的德育观，帮助大学生形成高尚的道德品质。

尊崇榜样人物、宣传榜样人物、学习榜样人物，应成为新时代大学生的强烈呼声。大学生应主动从榜样人物身上吸取前进的动力，积极地传播、践行优良的道德品质。高校宣传的榜样人物应该是大学生身边能够效仿、能够看得到的榜样，是可以学习的标杆。榜样人物所具有的高尚的道德品质不是一蹴而就的，而是日积月累的结果。他们不仅仅做了人们能够做且愿意去做的事情，更重要的是他们还做了别人不愿意做的事，且把事情完成得更加出色。大学生应该向榜样人物学习，学习他们舍小家为大家的伟大情怀，学习他们见义勇为的勇气与智慧，学习他们助人为乐的崇高品德，学习他们敬老爱老的至善真情，学习他们爱岗敬业、乐于奉献的职业操守，学习他们诚实守信的高尚品格，等等。大学时代是大学生全面发展的关键时期，只有认真学习科学理论知识，努力形成社会主义道德观，主动向榜样人物看齐，处处向榜样人物学习，才能在日益激烈的各项竞争中立于不败之地。大学生还要在舍友之间、在同学之间、在邻里之间做到崇德明礼、互帮互助，自觉形成良好的道德品质。

二、灵活性：创新活动形式

（一）志愿服务活动

志愿服务活动是志愿者在闲暇时间无偿为社会提供服务的活动。志愿服务活动是大学生将知识转化为技能，将思想转化为品德，将素养转化为行动的重要平台。高校德育工作者要制定志愿服务活动的相关制度，通过宣讲的方式告知广大学子志愿服务活动的内容、形式及意义，并通过与社会机构协商合作，为大学生提供志愿服务活动平台。高校德育工作者要努力调动大学生参加志愿服务活动的积极性，将志愿服务活动作为德育实践活动的重要形式，通过多种渠道不断招募志愿者，使志愿服务活动实现常态化。

志愿服务活动以奉献为核心和精髓，让志愿者在帮助别人和服务社会的过程中意识到帮助别人和服务社会是自己的职责和使命，使志愿者在为人民服务的过程中形成良好的道德品质，并获得满足感和幸福感。志愿者不计报酬、乐于奉献的精神是社会主义道德观的良好体现。在周末和假期期间，大学生要充分利用自己的时间参与志愿服务活动。同时，高校团委可以定期提供志愿服务活动的场地和资源，为大学生提供更多的机会和平台来参与志愿服务。在学习雷锋日到来时，可以开展学雷锋系列活动；在植树节到来时，开展志愿植树活动；在清明节到来时，开展烈士陵园扫墓等活动；在五一劳动节到来时，开展劳动最光荣活动；等等。大学生自觉参与志愿服务活动，弘扬社会正能量，传递关爱，有利于互帮互助的良好社会风尚的形成。高校要将志愿服务活动打造成大学生传播爱、传播正能量的重要途径。

大学生要主动参与志愿服务活动。首先，在闲暇时间，主动去祖国最需要的地方建功立业，奉献青春年华，如去贫困落后地区开展帮扶及支教活动，主动带头在灾区、社区开展志愿服务活动等。其次，主动帮助各类弱势群体。大学生要关爱空巢老人、关注留守儿童、关心困难家庭，主动为弱势群体献爱心、送温暖。最后，主动开展力所能及的献爱心活动。大学生在志愿服务活动中要将献爱心与自身专业相协调，在服务社会的同时增长知识、增强本领，用实际行动书写新时代大学生的榜样故事，为中国梦的实现添砖加瓦。

（二）课外见习活动

高校德育工作者往往通过在课堂上讲授社会主义德育观的方式，用科学的、先进的理论武装大学生的头脑，从根本上解决大学生思想和认识的问题，引导大学生认清是非、明辨事理。然而仅仅靠理论的灌输是不够的，还需要理论与心理疏导、课外实践相结合，促进大学生的道德品质塑造。当前，思想政治理论课的课堂教学所占比重太大，实践教学活动相对甚少。一些教师在讲授完理论知识之后，让学生自行组织实践活动，通过论文、报告的方式提交成果，效果并不明显。鉴于此，高校有必要加大课外见习活动的力度，将科学的德育理论及时转化成思想道德素质。

课外见习活动是指在德育工作者的指导下，通过开展有目的、有组织、有计划的课外活动，积极培养受教育者的优秀品德和良好的行为习惯。课外见习活动对于大学生内化科学理论、外化品德行为具有重要意义。人类的思想认识源于实践，并在实践中进行检验。大学生在课堂中获得的理论知识，只有通过亲自见习体验，才能进一步检验自己的专业技能。大学生通过见习活动将理论内化为思想认识，提高思想觉悟，增强认识能力。课外见习活动是理论联系实际的教学实践活动，应做到以下三点。第一，由德育工作者组织学生开展课外见习活动。课外见习活动应该由讲授本课程的教师组织，授课教师应积极筹划与课堂内容相协调的课外见习活动，选择好主题，确定好时间、地点，将课堂讲授与课外见习有机结合起来。第二，将课外见习活动作为课程教学的重要考核内容，加大其占本课程成绩的比重，对学生严格要求，提高见习教学的实际效果。第三，见习活动要具有针对性。按照思想政治理论课教学内容的需要，有针对性地选择见习主题，围绕主题选择恰当的见习场所，将见习活动落到实处。教师在见习活动中应及时给予深入浅出的讲解，及时引导学生的道德观。

（三）熏陶引导活动

熏陶引导活动是指高校德育工作者充分利用校园环境、社会环境及教师所创设的教学情境，对大学生进行德育熏陶和正面引导，用隐性的方式培养大学生的道德品质。熏陶引导活动将情感融入德育之中，以情动人，用隐蔽式、非强制性的方法使大学生在不知不觉中接受道德教育的熏陶。熏陶引导活动借助渗透式的教学方法，将道德品质的塑造隐藏在特定环境之中，孕育在特定情境之中，使大学生在情感上产生共鸣，更容易为大学生所接受。

高校通过熏陶引导活动来推动德育工作取得实质性成效。在开展熏陶引导活动时可以将德育与场景相结合，主要包括人格感化活动、环境熏陶活动、艺术感染活动。人格感化活动是指通过展示德育工作者自身的作风、思想等，使大学生在情感上受到感染及感化的活动。环境熏陶活动是指德育工作者将德育理论及观点寓于标语、横幅、展板等情境中，通过营造良好的教育环境的方式潜移默化地教育大学生的活动。艺术感染活动是指德育工作者通过歌唱、舞蹈、绘画、影视等方式对大学生进行情感上的熏陶与教育，使其产生情感共鸣的活动。开展熏陶引导活动时必须做到以下三点：第一，德育工作者必须提高自身的修养。德育工作队伍要经常进行相应的培训，提高教育工作者的修养。德育教师的作风、思想是影响大学生德育思想形成的重要因素。第二，德育工作者要注重优化校园环境，营造良好的德育校园氛围，最重要的是能够调动大学生的积极性，让他们积极美化大学校园，积极构建和谐的宿舍文化等。德育工作者要善于利用环境的优势使大学生受到潜移默化的德育熏陶。第三，德育工作者要积极灌输德育理论，将对大学生的理论灌输与环境及艺术熏陶紧密结合在一起，使大学生在受到环境感染及艺术熏陶的过程中将理论内化为道德品质。

三、丰富性：打造德育平台

（一）构建课程德育平台

课程德育（课程思政）是指在高校开设的所有课程中渗透德育观点，在全员教师的参与之下，对大学生进行全员、全方位、全过程的德育理论渗透及教育引导的活动。课程德育既是一种德育的理念，又是一种德育的方法。课程德育有利于提高全体教师的德育理论素养，有利于落实高校立德树人的根本任务。课程德育的关键是要加强教师的大德育理念，使全体教师都能够在课程讲授中渗透德育思想，提高大学生的思想道德素质。课程德育平台是大德育平台，人人参与德育工作，每位教师都承担德育引领任务，时时刻刻营造良好的德育氛围。要构建课程德育平台，需要做到以下三点。第一，加强对全体教师的培训。让全体教师懂得课程德育不是在所有课程中讲授德育理论，而是将德育思想，如爱国、敬业、奉献、诚信等渗透到课程教学的过程中，潜移默化地影响大学生，使其形成优秀的道德品质。第二，建立完善的制度。高校需要建立完善的制度，确保课程德育得到有效实施。各部门应该协作配合，共同献策，协助教务处制定课程德育的相关制度，保障在所有教学活动中积极渗透德育思想。第三，共同开发课程资源，创设出示范课程。要逐步推进课程德育的发展，打造示范课程、公开课程，让教师观摩、学习，掌握课程德育的教学技能，强化全体教师的育人职责，进而实现德育课程向课程德育的转变。

（二）构建三位一体的教育平台

德育是一个开放的教育系统，高校要积极联合社区、家庭构建三位一体的教育平台，密切合作，优化整合教育理论，促进大学生思想品德的社会化，不断加强德育工作管理。社会教育是德育的重要方式，大学生在社会化过程中，需要掌握特定的社会技能，形成正确的价值观念，规范自我的行为，逐步完成自然人向社会人的积极转变。高校德育工作者要积极打造三位一体的教育平台，在积极开展高校德育工作的同时，要做到以下三点。第一，密切联系社区，整合社区力量，做好社区的德育教育。要依托社区教育，营造良好的社区精神文明氛围，开展丰富多彩的教育活动，利用社区资源增强德育力量的整体性。第二，与家长保持密切联系，积极培养学生的道德品质。家庭和学校作为道德实践的主要场域，要肩负好道德教化之责。家长的思想品德与行为方式对子女思想品德的形成与发展具有极其重要的作用，家长要注重亲子的感化教育及言传身教，做子女的引路人。家庭是良好德育观念形成的摇篮，是开展德育的重要阵地。高校德育工作要密切联系家长，协同开展工作，提高家庭德育的社会化水平，将德育通过家长渗透到子女的思想及行为之中。第三，高校、社区、家庭加强沟通与联系，形成联动，不断优化。大学生在高校、家庭中接受德育的熏陶与教育之后，必然在社会的大环境中实践，将德育观念外化，实现社会道德观念与个体思想品德的完美结合。德育是一个复杂的系统工程，需要重视内外的协调，建立高校、社区、家庭三者互相配合的德育大系统。

（三）构建德育工作队伍建设平台

德育工作队伍建设是关系到德育目标、德育内容、德育实施过程能否得到有效贯彻落实，德育工作能否取得成效的关键问题。高校要高度重视德育工作队伍的建设。首先，德育工作队伍建设关系着德育的性质与方向。在德育工作及教学中，德育工作者始终要坚定正确的政治方向，将中国特色的社会主义方向放在首位，必须用马克思主义的德育理论引导学生坚定社会主义信念，不断宣传党和国家的路线、方针、政策，体现广大人民的根本利益。其次，德育工作队伍建设关系着德育工作者主导作用的发挥，需要德育工作者具有坚定的信念和精湛的业务能力。德育工作者任务艰巨，是德育活动的主导者，要组织、策划德育活动，决定着德育活动的成效。因此，德育工作队伍应向职业化和专业化发展，如此才能提高这支队伍的整体素质。最后，德育工作队伍建设关系着德育的成败。高校德育工作要想取得良好的效果，要依靠真理的魅力及人格的力量。无论是真理的传播还是人格的影响都需要通过德育工作者来实现。正如习近平总书记在 2019 年 3 月 18 日学校思想政治理论课教师座谈会上说的“让有信仰的人讲信仰”。高校德育工作者要言传身教、言行一致，带头做到知行合一，积极做好学生的引路人。

构建高校德育工作队伍建设平台，加强德育工作队伍建设，需要做到以下三点。第一，做好德育工作者的选拔工作。要建设一支专兼结合、业务精湛、信仰坚定的优秀德育工作队伍，关键在于做好德育工作者的选拔工作。在选拔德育工作者时要注重教师的德行、马克思主义理论水平，坚持德才兼备、择优选拔、双向选择的原则，从源头上抓好德育工作队伍建设。第二，做好德育工作者的培养工作。要制订德育工作者的培养计划，采取有效措施积极开展对德育工作者的培训，并通过多种渠道提高这支队伍的业务能力，使德育工作更具有吸引力和感染力。第三，加强德育工作者的管理工作。德育工作者队伍的管理重在建设，需要提高德育工作者队伍的素质，明确职责与义务，提高待遇，严格考核，进一步明确选拔条件、晋升条件、发展路径、流动方式等。德育工作任务艰巨，除需要有专业的骨干人员外，还需要吸纳其他优秀人员加入本队伍。鉴于此，需要在制度上给予倾斜，如职称晋升、岗位补贴、外出进修等方面，以便调动德育工作者的积极性，使其努力做好德育工作。

四、新媒体视域下高校德育方法的创新

方法是主体为了实现特定目标而利用的方式和工具，其目的是更好地认识和改造世界。随着新媒体的兴起，德育方法也得以升级，从静态的传统方式转变为动态的方式，在德育方法中增加了更多立体化的元素。

（一）运用新媒体创新德育方法

1. 运用网络媒体创新德育

在新媒体中，互联网是当仁不让的主导者。互联网于 1998 年 5 月被联合国新闻委员会正式认定为“第四媒体”，与报纸、广播和电视一起构成了现代社会的媒体体系。互联网媒体的范畴包括但不限于网站、微博等。网络媒体正在从“非主流”转变为“主流”，在报道重大事件方面发挥着越来越重要的作用。网络媒体对大学生的思想、道德和价值观念有着重要的影响，根据对高校大学生的调查

发现，有 34.9% 的学生每周在网上花费 7 个小时以上。因此，运用网络媒体对大学生进行德育已成为必然趋势。

（1）加强网站建设

网站就是把一个个网页系统地链接起来的集合，涵盖了新闻网站、网络社区、社交平台等多种形式。在中国的互联网领域，主要的媒体形式包括综合性的新闻网站、门户网站中的新闻栏目和传统媒体的在线版。新闻网站具有以下几个特点：具有较强的问政、参政能力，能够有效动员社会力量，特别关注弱势群体。另外，其音视频传播能力不断增强，同时技术更新也很快速。网络社区是互联网最基本的应用之一，几乎所有的网站都有自己的社区。网络论坛社区可分为多个类别，包括综合性论坛社区、新闻网站中的论坛社区、专业性论坛社区以及高校论坛社区等。从 20 世纪 90 年代末至今，中国的网络论坛已经成为汇聚民意和网络舆论的重要场所，成为与传统媒体相对抗的新兴宣传领域。人们访问网络论坛社区的主要意图在于沟通交流、分享日常生活和情感经历，并表达个人情绪等。

随着网络的快速发展，网站建设也产生了许多问题，包括危害个人隐私安全、阻碍网络的健康发展等。为了加强网站的建设，我们可以从以下三个方面入手。

首先，需要提高网站对社会责任的认识，同时传承和宣扬社会主义核心价值观。在专业网站中，除国家和地方政府主办的官方网站外，大部分都是自负盈亏的企业。这些网站会将经济利益置于优先位置，因此可能存在许多虚假广告、充满娱乐性的内容等。所以，需要增强社交媒体的社会责任感，使其推广社会主流价值观和文化。网站作为一种传媒渠道，在传播文化和价值观方面有着重要作用。只有坚持宣传社会主流的文化，以社会主义核心价值观为指导，才可以确保网站内容更健康、积极。

其次，国家主流媒体应与网络媒体建立合作关系，通过社交媒体和论坛等渠道适当地展示国家的重要政策和宣传内容。这里包含了三个方面的内容。一是官方网站需要以身作则，并发挥引领其他社会网站的示范和带动作用。二是我国媒体机构已经开始在社交网站上设立据点。在 2009 年 5 月 12 日汶川地震一周年的直播报道中，新华社电视和开心网实现了合作。该合作于 5 月 11 日早晨 6 点启动，一直持续到 13 日下午结束。用户留言总数达到 63 万条，所有留言都是实名留言，并且内容都非常正面。这一合作创造了寄语专项的新纪录。三是通过引导社交媒体和论坛的言论来增强社会意识形态的先进性，培养有影响力的意见领袖，使其在网络舆论中发挥引导作用。自 20 世纪 90 年代末至今，网络论坛已成为政府发言和引导舆论的重要平台。网络论坛的自主性让网民有更多的发言机会，这在保证公民的自由表达权等方面具有积极作用。但是，网络论坛的匿名、自由的表达方式也带来了一些问题。一些违法、有损道德的发言会产生负面的社会影响。因此，需要在网站和论坛方面加大舆论检查力度，提高网站管理人员的政治理论水平和文化素养，培育高素质的舆论领袖，从而正确引导舆论。为此，还可以通过邀请专家在论坛发表文章等方式来进一步引导。

最后，加强监管，采取完善的法律法规和监管技术手段，规范各种网站的运营行为。现今，我国不仅将现行法律应用于新媒体领域，还颁布了一系列相关法律法规。当前，我国在网络立法方面与网络技术以及实际应用的迅速发展之间还存在着不协调的问题。网络空间和实际空间之间的利益冲突以及网络技术的不断发展等因素，对于网络主体的权利和义务产生了重大的影响。在我国，网络法治的首要任务不在于制定大量新法，而是致力于通过完善、修订现有法律法规，较广泛地适用于网络空间的独特问题，从而维护整个法律体系的平稳运行。就长远而言，出台一项专门规范网络的法律十分必要。

（2）加强高校校园网络建设，发挥其德育功能

要注重校园网络系统的建设，使其更加完备和完善。在校园网络建设中，应考虑以下五个方面的统一：一是既要注重校内网络间的互相连接，也要突出学校特色；二是要兼顾知识性和思想性，不偏重某一方面；三是要充实网站内容，同时确保主流信息的准确性；四是要引导学生正确使用网络，并增加互动元素；五是要使校园网络教育性质和服务性质得到平衡。

要创建专门的网络平台来推广校园道德教育，如建设高校德育网站或者论坛，以此搭建一个网络德育平台。德育网站可以作为学校学工部或团委网站的附属页面，也可以自行建立一个专门的网站。根据工作需求，可以开设定制化的专题网站，如开设创先争优网站等。学校德育网站的瓶颈在于内容单调、形式简单，难以吸引学生的兴趣。在秉承社会主义核心价值观的基础上，应该形象化和数字化教育实质，提高德育网站的吸引力，使其对学生的教育起到更加有效的作用。此外，高校可以建设校园社区论坛，让学生能够自由发表言论，有助于彼此了解、交换信息、分享情感和心得。

要加强校园网络监管，尽力减少师生接收消极信息的机会。要建立完善的校园网络管理制度，保证规范的网络管理流程，清楚各方的责任，并引入定期的检查和监督机制以及奖惩规则。同时，控制信息的发布和散播，为良性信息提供方便快捷的通道，最大限度地遏制负面信息在校园网络的散播。

要利用微博平台来推行德育教育。大学生比较喜欢使用微博进行沟通。随着时代的变迁，德育微博应运而生。如今，在众多高校中，德育微博已经成为德育工作不可或缺的重要纽带。要让德育微博更好地发挥对学生的教育作用，需要在以下三个方面进行开发和提升。

首先，需要妥善处理四组相关关系。一是德育微博需要结合高校德育工作的特点，兼顾针对性、引导性等，才能达到更好的效果。二是德育微博与其他网络平台工具有紧密的联系，这种联系既使德育微博具有随机性、隐蔽性和容易接受性，又能提供导读。三是将德育微博引导和思想教育问题在线处理相结合，实现新媒体德育和现实德育的进一步融合。四是关于德育微博建设主体和访问主体之间的关系，要求双方之间实现平等、友好的沟通。

其次，要把握好两个比例。一是需要关注内容建设中原创文章和转载文章的比例。在文章的选择上，应当优先选择原创文章，同时也可以转载精品文章。二是把握好在互动交流中回答疑惑和提出问题的比例。既要及时解决疑惑问题，又要鼓励学生发问，以促进其积极参与和主动探究。

最后，要掌握德育微博的发展趋势。一是要积极推进大学生思想政治微博的建设，促进其蓬勃发展，并将其与大学文化相融合。需要通过新媒体传播先进的大学文化，同时也需要建设新媒体文化，以推动大学文化的繁荣。二是要拓宽建设主体的范围，并让其成为全校工作关注的焦点。要鼓励高校党政干部、辅导员和学生积极参与德育微博的建设。三是创建高质量的思政微博，以提升大学生思政微博的效果。要增强大学生德育微博的吸引力，具体措施包括增加德育专家和理论专家的参与，推出“名师微博”“学者微博”等高质量的思政微博等。

2. 运用手机媒体创新德育

数字化是手机媒体的主要特点，带来的最大好处是方便携带和使用。手机媒体是网络媒体的衍生形态，其最显著的特点是具有高强度的交互性、快速获取信息、快速传播和更新。手机媒体的这些特性，已经广泛渗透到生活的各个领域，并显著地影响了人们的传播行为。

高校可以利用手机媒体促进学生的道德教育。手机媒体的独特性以及手机文化的特点，对大学生的思想道德产生了相当大的影响。以下是几种创新德育的方式，这些方式是根据手机媒体的特点而设计的。

第一，利用手机短信等通信平台，以互动、平等的方式进行德育教育，与学生进行交流。传统德育效果不佳的一个因素是部分教师往往以高高在上的姿态来教导学生，导致学生参与度不高。教师和学生可以通过手机短信平台进行互动交流，而且可以针对特定需求进行定向交流。这种交流方式有助于学生参与教育过程，使教育关系更平等，并且提高德育教育的效果。

第二，建立德育手机报平台，以普及社会主义核心价值观为目的，对学生进行教育。将社会主义核心价值体系的内容深入人心，是对学生进行教育的重中之重。利用手机报的定向发送和无条件接收特性，可以打造一个专门的德育手机报平台。此外，还可以在普通的手机报中增添有关德育方面的内容，并将社会主义核心价值体系的内容具体化，从而以一种不张扬的方式，潜移默化地将这些内容灌输至学生的头脑中。

第三，利用手机短信群发等功能，向学生提供与学业和就业相关的指导服务。通过手机短信群发功能，学校能够为学生提供便利的服务平台。该功能可以迅速将选课、就业招聘和招聘会等信息以短信的形式通知给学生，使他们能够及时了解相关信息并为未来的学习和就业做好充分准备。

第四，利用红色短信大赛等方式，激发学生自我教育的积极性。学生是教育的主体和自我教育的主角，教育的成效取决于如何充分发挥他们的主体作用。随着智能手机媒体的广泛应用，发送和接收短信已成为大学生之间必不可少的交流方式。可以采取红色短信大赛等活动方式，引导学生撰写内容积极健康的短信，并远离消极的短信，以提高学生对信息的挑选和鉴定能力。

第五，加强对手机媒体的管控，推动形成积极健康的手机使用风尚。目前我国对手机媒体的管理存在一些问题，如管理责任不够明确，导致监管出现空白的现象；缺乏有效管理，导致出现不良信息；以获利为动机，存在较多诱导消费的陷阱；在保护知识产权方面存在不足，导致出现侵权现象；一些企业的经营模式非常相似，导致整个产业体系的生态环境较差。针对手机媒体存在的问题，可以从以下五方面加强管理。一是要明确责任主体，建立清晰的管理体制。有效管理手机媒体需跨越多个行业和部门，需要明确各管理部门的责任、加强合作，同时建立和完善管理机制。二是完善法规制度，严格按照法律管理。必须制定具体规定，尽快审批从事新闻信息服务的手机网站、手机报纸等的资质，并监管其内容，以引导手机媒体有条不紊地、健康有序地发展。三是加强技术管理，同时改进技术手段。需要不断改进技术手段，提升管理的技术水平。需要创建一种监测系统，以便能够及时检测出不良信息和不良网站，并采取必要的措施进行处理。为了更好地管理移动互联网服务内容和应用服务的提供商，电信运营商需要进一步加大技术投入。同时，配合相关管理部门的工作，以加大对移动互联网服务内容和应用服务的提供商的管理力度。四是鼓励行业自发遵守规范，增强自律能力。电信运营商应主动承担相应责任，支持完善信息服务业务的管理和控制机制，推动无线互联网行业有序健康发展。五是要加大对免费网站的监管力度，采取登记备案制度。

3. 运用电视新媒体创新德育

新兴电视媒体形态包括数字电视、交互式网络电视（IPTV）、移动电视以及户外新媒体等，可运用电视新媒体创新德育工作。

可在户外、车内和电梯里播放电视媒体，以传播良好的价值观。通过数字化和形象化的方式，将社会主义核心价值观的内容呈现在户外、车内、电梯里的电视媒体上，让人们在不自觉地接受教育熏陶的同时了解和认同社会主义核心价值观。与此同时，通过这些媒体传播价值观，创造一个美好的道德建设空间。

通过利用校园电视平台，实现对学生开展道德教育的目的。通常会在学生宿舍和教室内放置校园电视，这是学生观看电视节目的重要设备。除了播出国家和省市电视台的节目，学校电视台还可以制作并播出自己的节目，创作与学生生活息息相关、内容积极向上的电视节目，且融合学校和学生的特征，有助于指导和培育学生。通过这种方式，可以增加学生参加校园电视互动活动的机会，让他们参与制作节目并通过短信参与有奖竞答等活动方式，在优秀的校园电视节目中积极学习并获得教育启示。

（二）运用新媒体改进德育形式

1. 自主性德育

自主性德育是一种强调德育主体具有自主权利和独立地位的德育，它重视德育主体内在的道德需求，并将其转化为社会责任和义务，展现了个体的生存意义和生命价值。

自主性德育的核心理念是对教育者和受教育者的双重人格尊重。自主性德育和传统德育有着显著的不同，自主性德育强调个体自我管理和自我决策的能力，而传统德育则注重社会规范和权威的引导。

在新媒体时代，推行自主性德育具有重要的意义。首先，新媒体时代需要我们积极推行自主性德育。一方面，在现代科技的影响下，当代社会发生了重大改变。这使得国家间的信息交流变得更方便，社会越来越多元化，因此对个人素质的要求越来越高。另一方面，现代社会也创造了让人们能够展现个性并获得认可的平台和机会，个性化已成为现代社会对人们的重要要求之一。人类的自主性作为人的个性特征，是社会和个人发展必须追求的目标。随着新媒体的发展，人们的交流方式已经变得去中心化，不受时空的限制。由于社会需求的变化，教育也需要相应地进行改革，其中包括社会对于学生自我教育能力的期望与呼吁。其次，新媒体环境为推进自主性德育提供了条件。自主性德育可以借助新媒体的开放、互动、虚拟和参与特性来实现。新媒体的开放性带来了丰富多样的文化和价值观，并提供了大量信息，从而为学校和师生提供了一个自主选择信息的平台。同时，学生在选择中能够加快个性的发展。通过新媒体，师生能够及时进行在线交流，从而增进师生之间的联系。利用新媒体的虚拟功能，师生能够隐藏真实身份进行坦诚的交流，这有助于建立师生之间平等的关系，提升教育成效。通过新媒体，师生不受时间和地点的限制，能够积极地讨论，这有助于更好地满足学生的需求，进而促进自主性德育的实施。

在新媒体视域下，自主性德育的价值观变得更加重要。自主性德育鼓励教育者和受教育者以独立、自主的方式实践个人的道德价值观，并在此过程中体现个人的教育自主性。在新媒体时代，自主性德育的价值目标是通过培育受教育者的道德认知和道德习惯等来实现的。自主性德育的理念是以个人自主为重点，倡导个体通过自我规划和自我管理达到德育要求，旨在促进德育从传统的他律型向自律型发展。这种德育思想要求学校关注两个方面：第一，社会道德需求；第二，受教育者和教育者个人的道德需求。通过德育的自愿性、自觉性、意义性等特性，增强学生的道德意识和自觉性，以此提升德育的效果。新媒体环境以法律规范为主，依据个体的自律来维持秩序，这种德育形式可以促进学生道德水准的提高。在实施德育管理时，可以借助新媒体的特性来推动其从以往的闭塞、单调、半强制的德育管理体系向开放、多元、民主的德育活动体系转型，开展更符合德育规律的德育活动。通过这种方式，可以增强教育者和受教育者的自我意识，促使其自愿参与，自由表达，并获得愉悦的体验。这可以让德育真正地发挥作用。

在新媒体视域下，自主性德育的目标被重新审视。自主性德育的目标是让人们自发地拥有道德能力等，从而形成具有自主性道德的人格构造。这种人格构造的核心是培养受教育者的道德素质，使其能够自我驱动、自我决策、自我控制。新媒体环境非常看重道德自主性，因此它为实现自主性德育的目标提供了机会。推崇个体自主性，强调公民权利、责任和民主意识的养成，是对之前“自我约束”的道德观念的更新，要求人们不仅自觉限制自己的行为并符合社会道德要求，而且需要保证自己作为道德主体决定自身的发展。要求德育不仅仅是有针对性地教授道德知识给受教育者，更要鼓励受教育者将这些道德知识转化为自己的认知和思想；尤其是将这些道德知识转化为受教育者的日常行为和习惯，并尽力将其转变为道德精神。自主性德育旨在提升受教育者的道德品质，这需要他们经历一系列由道德意识向行为、习惯演变的过程，来推动德育主体道德素质的提高。

在新媒体视域下，如何建立自主性德育的活动机制？自主性德育的活动机制是指由多种条件、因素和能力共同形成的控制系统，它决定了自主性德育活动的发展趋势。这个系统是自主性德育活动内在的决定因素。在新媒体时代，自主性德育活动机制呈现出了独有的特征。自我教育是成人教育的逻辑起点之一。一种说法是，个人从自然状态转变为社会成员，然后再进一步成为道德自律的个体。新媒体在推动学生成为道德自律的个体方面扮演着至关重要的角色。德育活动以新媒体为基础，始终尊重教育者和受教育者的人格和权益，支持他们的自由和自主权。另一种说法是，个人从“单一式”转变为具有世界意义的个体。新媒体具有宽泛的互动特征，社群文化在新媒体文化中有着重要的影响，激发学生向具有历史性意义的全面的个体发展。“单子式”个人指的是每个人都以独立、隔绝的方式生存，缺少精神交流和协作，实质是一种“孤独的个体”。在新媒体时代，德育不再是单向的灌输教育，而是通过社交网络和交流沟通来实现自主性德育。这种教育模式强调受教育者的自由权利和责任感，将人视作一个不可分割的整体。在这一教育模式中，每个人都被视为独立、自由的个体，无论是教育者还是学生。每个人都享有与他人（不分人种、性别、阶级等）相同的法律权利和自由，同时也肩负与他人相等的责任和义务。在新媒体时代，推行自主性德育可以帮助学生树立自我意识，从而避免陷入单一模式的学习状态。另外，关于自主性德育活动机制的重要准则，需要考虑新媒体这一视角。在新媒体时代，自主性德育的实践机制将融合新媒体的特色，充分发挥其特点，并秉持多元、开放、有效的原则来构建。在学校的德育活动中，需要保持传统德育活动的有效性，如课堂教学和课外活动，同时也需要积极尝试一些新的德育方式，如结合网络和线下的互动式教学、体验式教学等，以开展多样化的德育活动。自主性德育的开放性意味着其活动机制超越了时间和空间的限制，它把自己融入社会进步的大环境中。自主性德育的开放性，除了学习和借鉴国际化和民族化的德育，还包括开展各种形式的活动，以多种多样的方式实现德育的目标。自主性德育的有效性是指重视新媒体的特征，确保教育活动的方式满足学生成长、成才的需求，从而有效地促进德育的发展。

在新媒体视域下自主性德育活动中师生关系的特点有：一是师生之间的互动是一种平等的互动。在新媒体时代，自主性德育指的是一种以自主性德育理念为基础的交流性教育活动，旨在推动教育者和受教育者相互平等沟通。在这种教育活动中，教育者和受教育者都有各自的需求。受教育者渴望得到教育者的引导，而教育者则需要根据受教育者的学习和成长来履行职责并实现自己的理想。这种共同的需求驱动着双方之间的交流和互动。在教育过程中，教育者和受教育者进行平等互动，可以促进受教育者提高道德素质。二是在新媒体视域下，自主性德育活动中的师生关系是一种协助的关系。在这种互相合作的道德学习中，学生应该享有独立和自由的权利。自主性德育的理念基于“教育即成长”的准则，保证学生能够自由独立地学习，拥有多种学习选择，使他们成为学习的主人，并自主决定学习的内容、形式和方法。三是在新媒体视域下，自主性德育的师生关系是一种引导的关系。在教育中，师生关系的形成取决于学生自主学习、自主选择等与教师引导的相互作用。这种师生关系的形成是建立在尊重学生的自主权利和尊严的基础上的，在这种关系中，教师会通过指引、启发等方式引导学生成长。

2. 参与式德育

实践是参与式德育的核心，它涵盖了生活德育、活动德育和体验性德育，使学生能够在实际生活中通过参与各种活动来体验德育的过程。与推崇营造良好的德育氛围不同，参与式德育更注重真实、自然、未经刻意处理的社会生活环境。

首先，对参与式德育的特征进行探究。参与式德育的主要特征可以概括为以下三个方面：具有实践性、采取开放的方式和具有生成性。参与式德育的实质是实践，且具有非常重要的地位。学生的潜在品质只有在实践中才能转化为显性品质，因为只有通过客观行为，才能使学生的主观认识得以体现。通过实践践行德育知识和信念，学生才能将其内在的道德观念转化为行为模式，并形成稳定的品德素质。参与式德育的特点之一是强调开放性和包容性。实际上，参与式德育的本质在于鼓励学生参与真实的生活，以满足他们日益增长的需求。为了实现隐蔽的教育效果，教师需要营造氛围，激发学生的学习兴趣。参与式德育是一个持续不断的演化过程。根据杜威（Dewey）的理论，道德真理并非绝对存在，而是随着社会需要的变化而变化。因此，所有的道德准则都必须适应不断变化的社会需求。随着时代的变迁和社会环境的变化，学生的需求、爱好和理念也在不断演变，因此我们面临着一系列新问题。所以，德育活动必须随着时代的发展不断进化改革，包括改进理念、丰富内容、创新形式。参与式德育旨在适应时代的发展需求，注重提高德育的主体性，促使学生成为同时具有个性化和社会化特点的符合道德规范的人。

其次，参与式德育在新媒体环境中得到了更好的实现。新媒体的出现既刺激了对参与式德育的需求，又为实施参与式德育提供了良好的条件。一方面，新媒体的兴起推动了参与式德育的紧迫发展。由于新媒体传播具有独特的特点，因此为德育提供了一种与以前不一样的教育环境。传统的灌输式教育模式面对新媒体环境的挑战，必须紧跟时代变革的步伐，建立现代化、开放式、注重参与的德育教育模式。另一方面，新媒体的出现要求我们更加重视参与式德育，创造了有利于构建参与式德育的条件。学生可以借助新媒体的互动性和即时性特性，积极参与德育活动并确立自己作为主体的地位，这是新媒体为学生带来的重要优势。新媒体信息的发布门槛较低，而且传播方式灵活多样，这使得新媒体具备了很强的互动性。互动性不仅使信息的传达和接收更加方便，而且改变了整个信息生成的过程。信息的生成不再单一依据某一方的发出，而是在双方进行联系的进程中产生的。新媒体的即时性为学生参与教育活动提供了便利，无须受时间和地理位置的局限。同时，教育者和学生可以通过新媒体进行即时沟通和交流，从而增加相互了解的机会，这有助于获得理想的教育效果。此外，新媒体还具有个性化特点，使学生能够自主选择学习内容，同时也为培育和发展学生的个性创造了条件。在虚拟空间中，社区、自由论坛等新媒体充斥其中。这些平台形成了许多紧密的社交网络。学生参与社群活动，可以与其他人就特定话题进行交流，这有助于提高学生的集体认知。通过新媒体，学生可以在匿名、虚拟的环境中体验比较真实的生活。新媒体的匿名性和虚拟性为教师和学生提供了一个遮蔽身份的机会，使得他们能够更真实地表达自己内心的想法。总而言之，新媒体的兴起为实施参与式德育创造了良好的机遇和条件。

最后，在新媒体视域下实施参与式德育具有重要的意义，具体体现在以下两个方面。

一是可以利用新媒体促进学校、社会和家庭的互动，从而建立一个共同参与的道德教育格局，进而形成道德教育的协同作用。现今的教育已经不再是仅仅局限于学校或家庭的传统模式，而是需要社会、学校、家长以及学生的共同参与。因此，我们必须顺应教育多元化发展的趋势，建立学校、社会和家庭之间的互动机制，协同合作，共同促进学生全面发展。新媒体的开放性为形成学校、社会、家庭之间的互动关系，培养良好的社会公民奠定了基础。通过创建辅导员微博、德育网站、家长反馈平台、班级微博等各种平台，鼓励家长及时反馈意见，使家长与辅导员进行互动，促进家长参与学校教育。借助互联网和面对面交流的方式，促进学校、学生、教师与家庭、社会之间的交流合作，实现走出去和引进来的双向互动。通过面向社会进行德育，可以促使学生的价值观与社会发展相一致，从而提高其道德行为水平，使其进入社会后能从容面对和处理复杂的社会道德现象和交往问题。

二是利用现代媒体让学生积极参与道德实践中的社交活动。新媒体最显著的特点是交互性强，借助新媒体，学生不受时间和地域限制，可以与世界各地的人进行广泛交流，从而扩展了他们的社交圈子。当学生通过新媒体交流时，他们有机会调整已形成的道德观念。因此，新媒体成为学生自我教育的重要途径。

3. 主体间性德育

主体间性这一概念可以用“互为主体性”“相互主观性”“主体互动性”等说法表示。德国哲学家海德格尔（Heidegger）认为主体间性是主体与主体之间的共在，是“我”与他人对同一客观对象的认同①。

新媒体的发展必然需要加强主体间的道德教育。随着新媒体的快速发展，人类正在逐步进入一个新的媒体时代。在这个媒体空间中，人与人之间的互动有两个主要特征：一是“非中心化”。新媒体的隐私性和虚拟性提供了人们所需的安全保障，并促进了人际交往的自由和开放。在这里不存在领导者或被领导者，人们可以交流、倾听、分享和表达自己的想法。在利用新媒体进行交流的过程中，不同的道德准则逐渐趋同，因为社会所需要的道德准则是这种交流的基础。二是实现信息共享。新媒体具有开放的特点，信息量很大，供人们自由分享。这种分享不仅让人们获得丰富的信息，同时也提供了新的资源。信息共享可以视为人与人之间平等、双向互动的一种形式，其中包括分享自己的思想并接受他人思想的过程。在新媒体领域，我们面临的一个问题是信息量巨大而且参差不齐，有些信息甚至会对人们造成伤害。在新媒体发展的过程中，应以社会主义核心价值观为重要内容，同时也要注意受众的喜好，在遵从新媒体传播规律的前提下，开展学生教育。在单子式的德育教育中，通常只将教育者作为唯一的主体，强调单向的信息输出，受教育者只扮演信息接收者的角色，很少有表达和分享信息的权利和机会。在新媒体时代，这种德育方式不再适用。所以，针对新媒体发展的紧迫需求，德育主体间的转型是一个必要趋势，它展现了德育具有推陈出新的时代特点。

主体间性德育理论认为，在德育实践过程中，教育者和受教育者是平等的，相互之间需要尊重、理解。我们需要遵循主体间性德育理论的指导，结合新媒体的特征，在新媒体德育的进程中注重主体间性的表现。

教育者利用新媒体和各种手段向受教育者传达道德教育的信息。其一，教育者应该与受教育者平等交流，根据受教育者的喜好、需求和个性特点，有目的地开展教育活动，以推动受教育者的全方位发展和和谐成长。其二，教育者能够利

① 唐博．大学生德育教育创新研究[M]．长春：吉林文史出版社，2021.

用电子邮件、心理网站和德育网站等工具，开展自由的讨论和平等的交流，采用启发式、互动式和交流式的教育方法，以解决受教育者的思想难题。其三，教育者要将教育实质数字化，并运用多媒体进军新媒体领域。

受教育者在学习中尽可能地发挥自己的能动性。一方面，受教育者需要积极选择所接收的信息，并区分真伪信息。这不仅是一个接收信息的过程，也是增强受教育者辨别能力的过程。另一方面，主体间性德育理论主张以互动为基础，通过新媒体平台，受教育者与教育者进行良性互动，从而吸收社会主流价值理念并将其融入自己的认知中，最终转化为正向的日常行为习惯。

交流过程通常需要彼此互动。在新媒体德育中，教育者和受教育者之间形成了一种平等参与、相互信任并共同沟通的合作关系。教育者和受教育者在互相交流、合作、学习的过程中，共同推动和促进了彼此的进步和成长，从而创造出一种开放、探究的德育模式。

4. 嵌入式德育

当前，嵌入式教育通常包括两种方式。一种教育方式是综合计算机技术、电子技术以及其他相关学科和技术，被称为嵌入式技术教育。这种教育方式旨在培育具备信息技术行业深厚理论知识和丰富实践经验的顶尖人才。另一种是出现在美国高等教育界的“课程嵌入评价法”，于 2011 年开始受到关注。这种评价方式采用通识课程，且以此为基础，在教师不受外部扰乱且按照课程目标的前提下系统地评估学生的作业，从而提升学生的学习效果。教师给予的评级数据为院系评估报告提供了比问卷调查和目标测试法更为丰富的信息。当下我国某些图书馆在原有的传统信息素养教育基础上，采用嵌入式的方式对信息素养进行培养，主要是综合了第一种和第二种情况来开展的。图书馆嵌入式信息素养教育是指在传统信息素养教育的基础上，利用先进的技术和终端设备，将信息素养教育内容嵌入用户计算机、移动通信设备中，也可以与教师合作，在专业课堂中将其融入教学过程中实施。嵌入式信息素养教育是一种创新、高效的信息素养教育形式，比传统的信息素养教育效果更显著，是未来信息素养教育的发展趋势。

当前，较少有人提出嵌入式德育的观点。有人主张将德育教育融入教学过程中，让学生在遇到问题时进行讨论、自我思考等，以便真正地体验和感受德育的重要性。通过这样的方式，学生可以深刻地学习知识，从内心认可或反抗某些惯例或行为，而非简单地将德育视为一门与科学课程并列的学科。这里提到的嵌入式德育与之前介绍的参与式德育，在概念上存在相似之处。嵌入式德育是一种宽泛而综合的概念。它是指教育者在不同的终端设备上，利用先进的技术，将德育嵌入计算机和移动通信工具中，对学生开展德育。此外，也可以通过网上与网下的协作方式，将教育者与学生联合起来，共同参与德育活动。

在新媒体时代，嵌入式德育具有很大的优势。一是嵌入式德育符合大学生信息行为模式的需求。当前，大多数大学生青睐数字资源，精通 Web2.0 技术，可谓网络和其他新媒体已融入他们的日常生活且占据重要地位。二是嵌入式德育能够在任何时间和地点对学生进行有效的教育。基于新媒体平台的嵌入式德育不受时间和空间的束缚，只要学生和教育者拥有合适的终端设备，就可以开展。此外，教育的方式较为自然。

在新媒体时代，实现嵌入式德育有以下三种模式。

首先，可以通过将用户的计算机网络空间嵌入其中来实现。德育的数字化嵌入是指将德育信息内容数字化处理后，嵌入用户的计算机虚拟环境，如桌面、浏览器、学习软件等。此外，它还能够被嵌入院系网站、学生活动主页等网络空间中，让德育信息随处可见，使用户随时接触到德育信息。

其次，可以利用学生的手机和其他移动设备来完成。手机作为一种方便的通信工具，可以用来进行嵌入式德育教育，其发展空间很大。可以利用手机的各种功能，将德育内容融入其中。通过 4G 的可视化技术，可以为教育者和学生实时提供虚拟的“面对面”的空间，加强教育者和学生间的沟通，从而提升教学效果。

最后，通过在新媒体环境中针对热门话题和场景开展嵌入式教育。设立热门话题，教育者在网络社区等平台担任引领和指导学生讨论的角色。在此过程中，教育者与学生之间保持平等地位，教育者鼓励学生在真实的场景中做出道德评价和决策，培养学生的道德素质，从而提高其整体的道德水准。

第三章　高校学生心理健康管理

本章内容为高校学生心理健康管理，阐述了高校学生心理健康管理的核心概念与理论基础、高校学生群体的心理特征及管理的主要措施、高校学生心理健康管理体系的系统构建。

第一节　高校学生心理健康管理的核心概念与理论基础

一、高校学生心理健康管理的核心概念

（一）大学生心理健康标准

随着人类社会经济和科学的不断进步，心理健康标准的含义也在持续变化和发展。著名心理学家马斯洛（Maslow）和密特尔曼（Mittelman）联合提出十条心理健康标准：是否有充分的安全感；是否对自己有较充分的了解，并能恰当地评价自己的行为；自己的生活理想和目标能否切合实际；能否与周围环境事物保持良好的接触；能否保持自我人格的完整与和谐；是否具备从经验中学习的能力；能否保持适当和良好的人际关系；能否适度地表达和控制自己的情绪；能否在集体允许的前提下，有限地发挥自己的个性；能否在社会规范的范围内，适当地满足个人的基本要求。这十条心理健康标准受到人们的重视，成为评判心理健康的标准。根据当前我国大学生的实际情况，在实践中，以下八条标准可在评判中着重考虑。大学生在阅读时，可以试着给自己的心理健康打分。假设按符合程度，把心理健康分为五个等级，心理越健康，分数越高。

1. 智力正常

高智商的人，在心理健康方面不一定就占优势。所以，在评估一个人的心理健康状况时，最重要的是看其是否能够有效地发挥自身的能力，并表现出强烈的求知欲和参与感，以及是否具有积极学习的态度。

2. 情绪健康

情绪健康的特征是情绪平稳和心情愉悦。情绪健康的人具有积极向上的生活态度和愉悦的情绪，能够坦然面对负面情绪并妥善处理，善于调整自己的情绪，情绪表达与周遭环境协调一致。

3. 意志健全

意志健全的人，在自我意志、决断力、坚韧性和自我控制等方面表现较为突出。具有良好意志力的大学生能够在各种活动中表现出高度自主性，明智地做出决策并采用实际有效的方法处理问题；在面临挑战时保持冷静，并以正确的方式处理问题。

4. 人格完整

人格完整即个人的所想、所说、所做协调一致。大学生应以积极向上的生活态度作为自己的核心价值观，将个人需求、目的和行为有机地结合在一起，实现内在与外在的统一与协调。

5. 自我评价正确

能够进行正确的自我评价是大学生心理健康的一个关键指标。大学生应该以客观的态度认识自己，评价自我，并勇于面对缺点和不足。同时，要接纳自我，树立自尊、自信、自律和自爱的态度。

6. 人际关系和谐

要想取得事业成功并获得生活幸福，良好的人际关系是必不可少的。其行为表现为具有良好的社交动机和积极的社交态度，因此在社交圈中拥有深厚的人际交往关系，还有一些亲密的知己。一个能够在人际关系中保持独立和自我完整性的人，具有自我认知能力且不自卑也不妄自菲薄。

7. 社会适应正常

心理健康的大学生能够快速适应不同变化的学习、生活、自然和人际环境。即使遇到突发状况或处在困难环境中，仍能快速适应环境并保持情绪稳定。

8. 心理行为符合年龄特征

大学生需要表现出符合其年龄和角色的心理行为特点，如果他们的心理行为与其应有的年龄特点严重不符，通常表明他们的心理状态不健康。

（二）大学生心理健康管理

大学生心理健康管理是指高等教育机构、部门和学校通过制订针对当代大学生心理健康现状的相关计划，并建设专门的管理组织、机构或团体，利用多种资源来实现管理目的，并开展有序管理的过程，旨在重视大学生的心理健康状况和提升心理健康水准。

二、高校学生心理健康管理的理论基础

（一）新公共管理理论

新公共管理理论将经济学中的各项基础理论进行整合，并运用其合理性，从而提高管理效率。这种新型的公共行政管理理念重新定义了政府职能和政府与社会的关系，强调政府需要主动扮演领导者的角色，不断追求人民群众的最大利益。它鼓励政府开展市场化改革，并推动多方共同管理的实践。以下是新公共管理理论的基本内容。

1. 将公众作为政府服务的对象

新公共管理理论重新定义了政府职能，将政府定位为服务行业中的从业人员，注重满足服务对象的需求，以“公开、透明、优质”的原则为基础，让公众充分了解公共服务信息并享有选择权和知情权，从而全面提升行政服务的质量。

2. 将管理理论与具体操作分开

政府部门将管理理论与具体操作分开，综合考虑各种可能性，尽可能实现竞争平衡，而具体操作则由专业人员负责完成。这不仅能不断改进方案，还能大幅提高行政管理的效率。

3. 政府借鉴学习企业的成功管理方法

新公共管理理论的核心思想在于以公众满意度为导向，为公众提供服务。同时，该理论也借鉴了私营企业成功的管理技术与手段。举例来说，为了提高政府的工作效率，政府公共部门可以参考私营企业成功的绩效管理方法，建立合法合理的绩效考核体系，并根据自身情况制定灵活的评估标准。且绩效管理体系要不断更新改进，以使其更加科学、合理、规范、实用和准确。这种方法可以促进更多的私营企业参与政府建设，将良好的竞争机制纳入公共管理。

（二）系统管理理论

奥地利生物学家贝塔朗菲（Bertalanffy）在 1937 年芝加哥大学的一次哲学讨论会上第一次提出“一般系统论”的含义。他认为要将生物学中的有机体当作一个整体或是一个系统来研究，将组织构建成一个开放的系统，但这一理论直到

20世纪60到70年代才被人们重视[①]。

美国管理学家弗里蒙特·卡斯特（Fremont Kast）和詹姆斯·罗森茨韦克（James Rosenzweig）基于一般系统论的思想，对人类组织管理进行了研究和探索，最终发展出一套针对系统问题的管理理论，即系统管理理论。

系统管理理论的主旨有三点：一是企业是一个开放性的系统，由多个彼此独立、彼此影响的要素构成。二是企业是一个整体组织系统，由人员、物资、资金等社会资源和自然资源构成，旨在实现特定目标。在这个系统中，人员是各种资源的核心。三是企业可以被看作一个输入与输出之间相互关联的系统。所以，采用这一理论来进行组织管理，学校不仅能够提高整体管理效率，还能确保学生管理工作者不会因个人利益而忽视组织的整体目标。

此外，系统管理理论还提供了可以科学应用于大学生心理健康管理工作的方法，即必须多层次考虑心理健康教育的主要影响因素，必须妥善关注大学生这一关键主体的心理健康教育活动，从整体出发，做出综合性的考虑。所以，系统管理理论提供了一种系统性的思维框架，帮助学生管理工作者综合探究学生心理健康教育管理的各种因素，并据此制定有指向性的教育措施。

（三）权变管理理论

在20世纪70年代初期，权变管理理论应运而生。美国学者弗雷德·卢桑斯（Fred Luthans）在他的《管理导论：一种权变学》一书中，详细地阐述了这个理论。卢桑斯密切关注组织内部和外部环境的变化情况，不断进行探究和跟踪，以灵活的方式进行适当的调整。他认为，制定发展策略时需充分考虑组织所处的内部和外部环境，因为环境因素的差异将会直接影响策略的实施效果。只有在充分探究内部和外部环境对组织的影响后，才能制定适当的发展策略，并随时调整策略以适应环境的变化。权变管理理论的基本观点包括以下两个方面：一方面，与大多数管理理论所构建的模式不同，权变管理理论强调根据理论所处的内部和外部环境的变化情况来灵活调整管理方案，从而提高管理的针对性和管理效果。另一方面，需要了解内部和外部资源，并制订相应的管理方案，以优化管理理念，更新管理手段。在权变管理理论中，必须综合考虑环境和相关的管理因素，包括管理理念、管理技术等之间的相互作用，以实现既定目标。这一过程需要不断更新管理理念和技术，以适应不断变化的环境。

① 贝塔朗菲．一般系统论[M]．秋同，袁嘉新，译．北京：社会科学文献出版社，1987.

所以，在大学生心理健康管理工作中，需要灵活运用领导方式，并且能够采用多样化的工作方法。在大学生心理健康管理工作中，决策是至关重要的，因为决策的好坏直接影响到大学生心理健康管理的质量。所以，在做出决策时，学生管理工作者需要全面考虑大学生心理健康管理的目标、内部和外部环境，并根据自己的能力和其他因素做出权衡。权变管理理论认为，没有一种领导方式是完全正确或者错误的，只有是否合适的差别。所以在进行大学生心理健康管理时，需要选择最适合的领导方法，并随时根据内部和外部环境的变化进行调整。不同的领导方法会对管理效果产生不同的影响。为了提升大学生心理健康管理的灵活性，需要针对当前大学生心理健康的实际情况进行调整，以此有效地适应不同个体的需求。在开展大学生心理健康管理工作时，管理人员需要考虑权力分配和集中的问题，需要在保持一定权力集中的前提下，适当地下放权力，以确保各级管理人员进行必要的变革。

当代大学生心理健康教育从权变管理理论中得到了新的启示，即要求学生管理工作者充分利用内部资源，并根据外部环境的变化，采取适合组织的领导方式和革新的管理方法，以便高效地处理各项管理活动，最终实现管理目标。大多数高校已经确立了明确的规章制度，以解决大学生的心理健康问题。

第二节　高校学生群体的心理特征及管理的主要措施

一、高校学生群体的心理特征

（一）低年级大学生的心理特征

1. 自豪感与自卑感

升入大学的新生在父母、亲朋好友的赞扬声中来到了大学。他们当中多数人是中学时期的学习尖子，因其成绩优良而被教师称赞、家长夸奖，伴随他们的常是自豪感和优越感。进入大学后，新环境中人才荟萃、杰出者众多。不少大学生发现原来在中学时的优势不复存在了。这种心理落差会使有些大学生吃不消或承受不了。大学生在受到挫折后，会转而产生自卑感和焦虑。

2. 新鲜感与恋旧感

进入大学前，有些大学生把大学看得过于神秘，把大学想象为理想的天堂、生活的乐园。刚踏入校园时，大学的新环境、现代化的教学设施和仪器设备等，均使大学生产生一种新鲜感。然而，远离家乡和亲人，饭菜不可口，人际关系不协调，学习不适应等带来的诸多问题，使一些大学生渐渐产生了想家、留恋中学时代等恋旧感。

3. 轻松感与被动感

大学新生经历了高考的激烈竞争，备尝高考前复习的紧张与考试的痛苦，内心渴望进入大学。于是，刚迈进大学校门的新生，常常有一种胜利后的轻松感觉。大学阶段的学习，对学习方式有新的要求，即客观上要求自主学习，主观上要求自我管理。而一些新生则达不到这些要求，思想放松导致学习被动，加之学习方法不得当，使得第一学年的课程不及格率较高。

（二）中年级大学生的心理特征

1. 世界观、价值观趋于稳定

中年级是指大学的第二、第三学年。处于该时期的大学生，他们的世界观、价值观随着其独立思考能力的不断提高逐步建立，并趋于定型。他们对待人生的态度很积极，多数大学生在学习成绩、兴趣爱好、人际关系等方面向深入、稳定和提高的方向发展。

2. 思想活跃、兴趣爱好广泛

中年级大学生既无新生的不适应感，亦无毕业班的紧张压力，其学习、生活处于活跃时期。他们思想活跃，兴趣爱好广泛，不满足于书本知识，渴求开阔视野，培养技能。他们努力学习专业知识，涉猎课外知识；参加各种社团活动，努力丰富课余生活。

3. 认识加深，独立能力渐强

随着身体发育逐渐成熟、世界观定型及在校时间的增加，大学生彼此加深了了解，独立生活能力普遍增强，逐渐适应并喜欢上了大学生活。并且，随着相互了解的深入，部分学生的志趣、爱好逐步趋同，开始建立比较稳定的友谊关系。在大学集体生活中，中年级的集体向心力较低年级和高年级大。

（三）高年级大学生的心理特征

1. 紧迫感

临近毕业的高年级大学生，深感很多知识没有掌握，诸多问题没有弄懂，许多事情没有做完，充分感受到时间的紧迫性，对未来的期望更加强烈。因此，他们的学习自觉性和独立性增强，重视毕业实习，有强烈的被社会承认的欲望，危机感加深，成就感增强。

2. 忧虑感

随着毕业典礼的临近，许多高年级大学生具有不同程度的忧虑感。他们对能否找到理想的职业，专业是否对口，岗位能否适应，待遇是否满足期望，职业是否有发展前途等颇有担忧。在此时期，他们的心理活动比较复杂，心理状态不够稳定，心理压力较大，耐受力不大。

3. 责任感

大部分大学生都比较关注社会、政治、经济及日常生活中重要的事件，并把这些事件与自身未来的职业和发展紧密联系在一起。大学生渴望社会的稳定、经济的繁荣和国家实力的增加；政策稳定，法规明确，管理监控到位；就业渠道多，能够发挥所长，工作有成就感。这些都会促使他们将所学知识与社会发展相结合，珍惜在校时间，不断提高专业水平和业务技能以适应社会需要。

二、高校学生心理健康管理的主要措施

（一）较为重视心理健康管理

为进一步加强大学生心理健康管理，部分学校成立了“大学生心理卫生协会”。协会的宗旨是关心大学生的心理健康，重视大学生的健康发展。一些学校设立了心理自助中心，旨在为全体学生提供心理健康服务。这一校级学生组织由学生处和心理健康管理教师负责，并定期进行心理辅导和知识传授。心理自助中心还会组织学生担任心理辅导员，让他们亲身体验辅导员的工作。学生可以通过参与心理健康管理，实现自我成长和发展。在这一过程中，学生学会掌控自己的情绪，同时与他人合作来进行管理。通过这样的实践，学生可以逐渐提高自己的能力，同时也为学院的心理健康管理贡献自己的力量，为建立良好的心理健康管理体系奠定基础。

（二）建设较为完整的组织架构

有一些学校已经具备完善的心理健康管理组织架构（图 3-1）。有些学校在开学之初就成立了学校心理健康教育中心，并创立了大学生心理协会和各二级学院心理健康教育中心，同时安排专职心理教育辅导员，每个班级还有心理委员。学生和教师都可以随时联系各级组织与志愿者，获得所需的帮助。

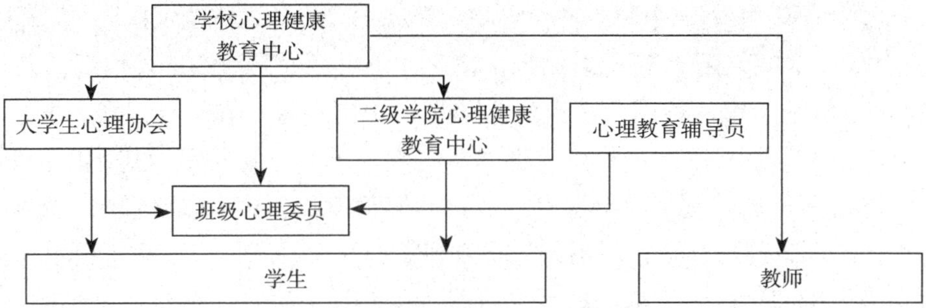

图 3-1　高校心理健康管理组织架构

（三）配备心理辅导教师和辅导教室

目前，绝大部分高校均设有专门的心理咨询教师，各心理咨询教师也都配备有专门的辅导教室，如心理咨询室、团体心理活动室等。

第三节　高校学生心理健康管理体系的系统构建

一、心理健康管理理念构建

（一）树立“保护、帮助、规范”的高校心理健康管理目标

大学教育是一个重要阶段，它帮助学生获取新的知识与技能，塑造良好的价值观和世界观。我们希望大学生不仅能够学到专业知识，而且能够在这个过程中塑造自己正确的观念，为未来的发展打下坚实的基础。在这段时间里，学校将担负起重要的责任，即引导和教育大学生保持心理健康。

目前，大学生对法律的认识不断加深。《中华人民共和国精神卫生法》第二十三条明确规定：“心理咨询人员应当尊重接受咨询人员的隐私，并为其保守秘密”。心理咨询的顺畅进行需要建立健康的咨询关系，而这需要依靠完善的咨询制度来构建。重视隐私保护能够让被咨询者感受到安全和信任，更有利于咨询效果的提升。为了建立完善的心理咨询制度，可以针对教育机构制定具体的规章制度并实施保密监管措施。要加强保密管理，对高校心理档案等信息进行严格管理和控制，任何泄露行为都将承担责任并受到相应处罚，具体处罚可根据情节严重程度处理。强调只有经过专业培训的人员才能查阅有关档案，其他非专业人员无

法获取这些记录。通过《中国心理学会临床与咨询心理学工作伦理守则（第二版）》等伦理规范，心理工作者可以总结出保密工作中可能会出现的例外情况，以此让高校心理工作者有合法依据，适当处理保密工作中的特殊情况。

可以以大学生心理健康教育管理的参与者为研究对象，探讨其作用和影响。首先，高校辅导员应该帮助大学生形成正确的心理观念，不仅要预防心理问题，更要重视心理问题的存在，而不是忽略或规避。其次，高校可以从班级中选拔学生作为学生干部，这些干部与同学们进行日常互动，更加了解身边同学的情况，比辅导员和心理咨询师更加接地气。因此，选出合适的学生干部并发挥其作用，有助于提升大学生心理健康管理方面的预防和干预效果。再次，高校可以为不同年级的学生增设一门或多门关于心理问题诊断和心理健康教育咨询方面的必修课程，以便引导学生在生活中遇到问题时，能够先进行自我调整和情绪宣泄。最后，高校可以通过社团开展志愿服务活动和公益活动等方式，让大一新生和即将毕业的学生参与互动、交流等，以有效解决他们在人际交往中遇到的问题，或缓解应届毕业生步入社会时面临的焦虑。

（二）完善高校心理健康管理的支持机制

在高校的心理健康教育中，需要从三个方面入手：进行课程教学、建设教师队伍，以及创办相关协会和举办多样化的活动。首先，学校需要在课程教学方面做出改进。这包括增加课程的时间和数量，增加专业教师的数量，并提高大学生心理健康管理水平。其次，学校应该培养专业的心理健康管理人员，并制定激励措施。最后，学校应当投入一定的经费支持学生心理健康协会和相关社团组织更多更好的“心理自助”活动。同时，需要对资金使用情况进行严格监督和跟踪，以确保经费真正用于大学生的心理健康管理工作，并定期进行相关调研以评估整改效果。

我国政府应该加大对高校心理健康教育的投资，并划拨专项资金到高校发展计划中，以确保这些资金被专门用于高校师生的心理健康教育。在基础设施建设方面，可以增加资金，以更新高校现有资源并创建专用平台，致力于心理健康教育工作。同时，将心理教育功能纳入当前基础设施中，进一步发挥高校内部心理教育的优势。在教师队伍建设方面，应该加大对师资建设的经费投入，促使教师参加有关心理健康教育的专业技能培训。要提高心理健康教育工作的水平，不应简单地照搬国外的研究和思想，而是应根据具体问题进行探究。这样才能有效地推动我国的心理健康教育事业的发展。为促进高校的心理健康教育工作，可以推行奖励措施，鼓励广大教师参与符合我国国情的心理健康教育项目，积极推进心理健康教育建设。

除此之外，政府需要协调社会各方力量，加强心理健康宣传。首先，政府应该推动社会对心理健康教育发展有更深入的理解，并为该领域提供更广泛的支持。同时，推动各界重视心理健康问题，积极传播社会正能量，增强全民心理健康意识。其次，政府应鼓励社会组织积极参与到大学生心理健康服务中，以其独立、中立的地位，更为公正客观地提供心理健康服务。在当今信息大爆炸的网络时代，我们可以充分利用网络高效便捷的优点，搜集国内外的相关信息，结合我们自身的文化底蕴和国情，将有价值的知识以图文等形式传递给广大公众。

（三）营造高校心理健康管理的文化氛围

只有通过认真研读、宣传与国家和教育部相关的关于大学生心理健康管理的文件，同时深入了解大学生的心理健康现状，才能够提升学校的心理健康教育认知水平。学校不应只局限于少数领导人员了解相关文件的内容和重要性，而应动员全体师生参与学习和宣传，让每个人都了解大学生心理健康现状以及实施大学生心理健康教育和管理的必要性和价值。只有校内所有师生都认真思考并关注这一问题，才能为具体计划和相关活动的实施提供必要的支撑，从而确保相关活动能够顺利开展并取得预期效果。所以高校应当定期举办大学生心理健康月活动，丰富其活动的内容和形式，扩大相关宣传的覆盖面；支持和帮助大学生心理健康协会等团体积极推动活动，以使大学生把心理健康咨询看作定期体检的一部分。提高大学生心理健康水平具有重要的意义，高校应在开展以心理健康管理为主题的活动的同时，加强对大学生心理健康教育的宣传。宣传应该广泛、有效，为建立健全高校学生心理健康管理体系打下坚实的基础。

校园文化体现了学校的精神面貌和校风气息。如果学校营造出良好的校园文化氛围，那么这种氛围会像社会的主流文化一样持久存在，并且成为培养人才、改革教育的重要手段。高校应该重视心理健康宣传活动，组织多种形式的活动，如宣讲、讲座、知识竞赛等，以增强学生的心理健康意识，并营造良好的校园文化氛围，让学生在健康的校园文化中养成积极的心态。

二、心理健康管理活动载体构建

（一）促进高校学生心理健康管理体系下的全员参与

1. 有意识地将心理健康教育的内容渗透到学科教育中

要让教师更重视心理健康教育并积极推广，需要学校建立心理健康教育资源库。这样，教师就可以在教学中嵌入合适的心理健康教育内容。为了做好这方面的工作，教师需要在日常生活中收集和储备有关教育素材，包括图片、视频、电影、案例资源、音乐等。

2. 开展多样化的心理健康辅导活动

要打破常规，不要拘泥于形式，只要是对学生心理健康教育有意义的活动，都可以开展。定期举办学生喜闻乐见的活动，如以心理健康教育为主题的大讲堂活动；邀请“榜样人物”来校做讲座；举办歌舞比赛；在学校宿舍放置专门的信箱，使学生可以通过写信的方式向教师倾诉心事等，帮助他们释放压力的同时给他们带来活力。

3. 提高教师的心理素质

要提高教师的心理素质，使教师良好的行为表现为学生起引领和表率作用。在此基础上，加强学校、社会及家长等多方面的合作，合力构建良好的心理健康管理环境。

4. 注重社会实践基地建设

高校可配合课程内容的需要，与有关单位合作，如精神病院、监狱、戒毒所等，将这类单位作为开展大学生日常教育的社会实践基地。另外，高校也可组织学生走进社区、下基层等开展社会义务工作和与心理健康教育相关的社会调查类活动，以促进学生心理健康教育的内化。

（二）创新高校学生心理健康管理体系下的课程组织与方式

就教学内容而言，除了心理健康课外，可根据大学生的实际需要，开设就业与心理、恋爱与心理、压力与心理健康等教育课程，缓解应届毕业生就业压力和提高大学生群体抗击打的心理能力。与此同时，面向大学生开设与心理学相关的选修课程、心理健康教育专题或开展系统的心理知识培训，让大学生更多地了解和自觉地调适心理压力与心理问题。

就教学方式而言，一般的课堂教学在传授心理学知识的同时，还要注重激发学生的学习兴趣。教学方式包括但不限于开放式教学、互动式教学、情境式教学等“互联网 +”背景下衍生出的新型教学模式。

开放式教学，一是指课堂的开放，可以让更多的学生进入课堂听课学习。二是指在学校食堂等地通过展览知识图片、放映短小的科教电影等方式，让学生在自然的情境下顺其自然地接受心理健康教育，认识到正视心理问题的重要性以及学会舒缓压力与调整心态的必要性。

互动式教学可以让学生参与到具体的活动中去，主要表现在：一是让学生直接参与到组织的心理健康教育活动中去，他们既是活动的组织者，也是活动的参与者，能潜移默化地提高自身的心理素质；二是让学生参与教学内容和教学形式的选择，以便学生在学习知识的同时自觉地提高对相关问题的认知，让学生从活动的参与者向活动的组织者转变。可以说这一方法在提高学生参与度的同时也提高了教学效果。

情境式教学可以通过情景剧和模仿心理健康咨询场景来实现。这一教学模式要求学生有充足的课前准备，如广泛地查询相关知识等，同时，学生通过扮演心理咨询师和剧中人物，得以从心理上锻炼自己，因而具有较好的教学效果。

需要注意的是，不同的教学内容要与不同的教学方式相适应。同时，师生还要有较多的课后时间与精力做准备和配合。因此，大学生心理健康管理要因人而异，因地制宜，对于在各高校不同的地理环境、人文素养下大学生群体所表现出的具体心理情况，要综合考虑并选择适当的教学模式。

（三）加强高校学生心理健康管理体系下的人员配备

1. 心理学专业教师队伍的建设

学校在适当引进专业教师的同时，更要考察教师的专业素养和相关经验与经历。条件许可时，可引进行业专家进行指导和培训，以提高专业教师的整体素质和水平，从而提高学校的心理健康教育与咨询服务的层次。同时，也可以聘请社会上专业的心理咨询师，这部分人既有丰富的咨询经验又有扎实的专业功底。

2. 辅导员开展心理健康教育工作的师资建设

从某种意义上来说，辅导员是学生心理健康教育的主力军。他们几乎每天都与学生接触，比任课教师更了解学生有怎样的心理压力以及心理健康状况。因而，他们能够第一时间发现学生的心理健康问题，并及时提供实质性的帮助。同时，辅导员也是班级心理辅导活动的带领者和组织者。相较于校级组织的心理咨询活动，班级内部的心理座谈会更容易让碍于情面、害怕非议的大学生群体接受。故而，提升辅导员队伍的心理健康专业教育水平意义重大，这就要求学校对这部分任职教师进行系统性的培训，以确保大学生心理健康教育管理工作的高效进行。

3. 任课教师重视心理健康教育工作的意识建设

任课教师虽与上面两类教师承担的任务不同，但他们本身的形象、课堂以及教学内容，都会给学生产生一种潜移默化的影响。任课教师鼓励和欣赏每位学生，耐心听取学生的话语，以及与学生平等交流和沟通，等等，这些都会给学生的心理带来良好的影响，也有利于缓解存在心理健康问题学生的负面情绪。因此，任课教师要清楚自己的地位，明白自身对提高大学生心理健康管理水平所起到的作用。学校要充分意识到这支隐形的心理健康教育师资队伍起到的重要作用。

三、心理健康管理组织构建

（一）建立网络化心理健康管理组织

随着我国健康教育管理相关政策的不断完善，健康教育管理事业也呈现蓬勃发展的势头。高校应该抓住互联网的时代机遇并借此之势，“因地制宜”地建立健全相关健康教育管理体系，将健康教育管理体系进一步规范为规章条例。构建的健康教育管理体系实施平台要以学生发展中心、心理咨询中心和校医务室三大校内学生管理机构为支撑。

利用“互联网 +”时代下信息快速传播的特点，高校要摒弃“班级—辅导员—学院—学校—心理咨询室”的上报机制，转变为及时有效地收集相关心理问题，由学生自主选择干预机制，同时学生发展中心要将有关案例进行整理，分析、评估影响大学生心理健康发展的相关因素，并为本校学生制订一系列高校心理健康教育管理方案。

高校应建立网络化心理健康管理组织（见图 3-2），在学校设立心理健康管理部门，由相应的校领导全权负责；在各二级学院内部设立与学校心理健康管理部门相对应的心理健康管理小组，由各二级学院的党委书记担任小组组长，各辅导员担任小组成员，由辅导员负责联系所带班级的心理委员，心理委员统筹本班级各舍长，最后由舍长对舍员进行心理健康管理与监察。同时心理健康管理组织也要实施自下而上的反馈沟通机制，大学生心理协会要在其中起到关键的作用，给予学生和老师更多的沟通机会，提供各层级服务给每一位需要的同学，保证大学生心理健康管理的及时性、高效性。对于有心理健康问题的学生，大学生心理协会能够及时地给予关照和帮助，在后续的生活中能够进行监督。

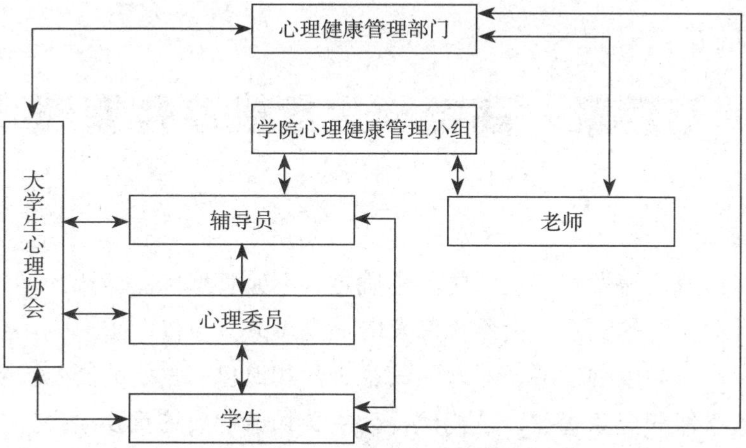

图 3-2　网络化心理健康管理组织

（二）针对不同学生进行差异化管理

基于心理健康管理机制，心理健康管理部门要及时发现有心理健康问题的学生，并建立这部分学生的档案，以便后期的监督与管理。对于有心理健康问题的学生，日常管理要因人而异，即根据每个有心理健康问题的学生的具体情况，制定一系列有助于提高其心理健康水平的管理措施，并在后续的管理中充分体现出来。管理措施实施后，学生心理健康状况是否有改善、改善效果如何都应该记录在其档案中。

总之，构建高校学生心理健康管理体系是大学生心理健康管理的一大重要举措，它为大学生心理健康管理提供了一种新型管理模式。

（三）明确高校学生心理健康管理体系责任机制

大学生心理健康管理的主体显而易见就是高校大学生群体，但由于大学生群体呈现出正逐步走向成熟但尚未真正成熟的心理特点，高校在开展心理健康管理工作时，不可避免地面临较大的困难。因此对大学生心理健康管理过程中的各个参与主体的责任以法律政策的形式进行强制性规定就显得尤为必要。首先，参与主体必须清醒地认识到严格执行的重要性，积极主动地承担责任，否则法律政策就成了纸上谈兵；其次，各个参与主体之间要树立共担风险的意识，不能因为自身的利益而忽略心理健康教育主体；最后，政府主体要在心理健康教育管理过程中起到监督作用，制定相应的惩处措施，并将执行情况纳入个人信用记录。

第四章　高校学生危机事件管理

随着经济的快速发展，生活中的不确定因素显著增加。当代大学生的应急管理已成为社会关注的焦点。大学生频发的危机事故，不仅严重影响学生的健康成长，而且阻碍了学生的发展，对地区的稳定与和谐也有一定的影响。实施地方高校学生危机事件的应急管理，是构建社会主义和谐社会的重要组成部分。建立健全高校学生危机事件的管理机制，不断提高大学生预防和应对危机事件的能力，是高等教育科学发展、社会主义和谐社会建设的现实要求。

第一节　高校学生危机事件的内涵、特点、类型及理论基础

邓军彪指出，危机事件一般是指突然发生的出乎意料的事情或灾祸，通常是不以人的主观意志而转移的，由于危机事件的“突发性”，一定时期内会成为人类社会关注的焦点[①]。李明强、张凯等人在分析相关学者研究成果的基础上，展开了自己的研究。他们认为，危机事件是指一定范围内的突发事件，危及公众生命财产安全、社会治安和公共安全，甚至影响国家利益和全球稳定。需要政府立即采取行动解决这些危机事件[②]。孙崇勇和秦启文认为，“危机事件”是当代中国人惯用的术语，认为许多事件是突然发生的，并且让人们措手不及。因此，他们将“突发”和“事件”联系在一起。他们强调，危机事件是在某些不可避免的因素的控制下意外发生的负面事件，对社会造成严重的破坏、损失或影响，必须立即予以解决[③]。陈秀梅认为，危机事件是指那些事先无法预测，性质异常，严重危害

① 邓军彪．地方高校大学生管理工作的创新与实践研究[M]．汕头：汕头大学出版社，2021．

② 李明强，张凯，岳晓．突发事件的复杂科学理论研究[J]．中南财经政法大学学报,2005（06）：24–27．

③ 孙崇勇，秦启文．突发事件的两个基本理论问题探讨[J]．西南师范大学学报（人文社会科学版），2005（02）：50–53．

社会秩序，人们没有心理准备而突然发生的、不确定的、突然的灾难性事件，具有紧急性、有害性等特征[①]。

许文惠、张成福认为，危机事件是由一系列迅速展开的事件组成的，会使得破坏稳定的因素对整个系统或任一子系统的影响远超正常水平，并增加了系统遭受暴力侵害的风险[②]。薛澜等人认为，危机事件一般是对决策者核心价值观的严重威胁或挑战，相关信息非常不充足，情况发展也非常不确定，且需要快速决策，是各种不利情况的聚集[③]。

尽管以上学者的观点存在许多不同，但有一点是相同的，也就是说，每个人都认为所谓的危机事件是指对人们的生存和发展构成严重威胁的事件。

危机事件通常具有以下基本特征：第一，突发性。事件的具体时间和地点很难预测，并且常常超乎人们的惯性思维和社会的正常运作秩序。第二，传播性。在当今信息时代，事物之间的联系越来越紧密，危机事件很容易引发连锁反应，逐渐扩大影响，从而导致不可预测的后果。第三，破坏性。由于危机事件的发生通常是“偶然且没有准备的”，无论危机的性质和规模如何，它不可避免地会在不同程度上造成危机、破坏、混乱和恐慌，且由于信息和决策时间的有限，甚至会导致决策错误并造成不可估量的损失。第四，紧急性。危机事件一旦爆发，其破坏力将被释放并迅速传播。如果不能及时控制，迅速恶化的局势将带来进一步的损失。第五，可控性。危机是可以控制的，无论是在危机爆发之前或之后，甚至在危机爆发期间，相关部门和工作人员都可以采取有效的方式来控制危机的发生和发展，并尽可能消除危机的不利影响。

人们很容易将“危机事件”与“突发事件”混淆。我们认为，“危机事件”绝不能简单地等同于“突发事件”。所谓“突发事件”，主要是指自然灾害、突发公共卫生事件、校园安全事故等突发事件，易造成重大伤害，需要采取应急措施。它强调事件发生的时间是意外的，并且有一定的偶然性。而危机事件是许多一定数量的不良因素突然爆发的必然结果。它的爆发是可以预见的，但是爆发的特定时间和爆发带来的负面影响是突然的和偶然的。因此，处理危机事件应该是一个事先预警、事件期间进行处理以及事件发生后恢复的过程。突发事件只是危机事件爆发的一种表现，对突发事件的处理仅是指事件的处理以及事件发生后的恢复。

---

① 陈秀梅．治理理论视角下的群体性事件再审视：群体性事件发展态势与治理结构的转型[J]．领导科学，2010（35）：24—26.

② 许文惠，张成福．危机状态下的政府管理[M]．北京：中国人民大学出版社，1998.

③ 薛澜，徐建华．提升应急管理风险沟通能力[J]．中国应急管理，2020（04）：14—16.

从负面影响的广度和深度来看，与突发情况相比，危机事件具有更大的范围和更强的破坏力。

一、高校学生危机事件的内涵、特点、类型

（一）高校学生危机事件的内涵

根据国务院2006年发布的《国家突发公共事件总体应急预案》和2007年发布的《中华人民共和国突发事件应对法》的有关规定，所谓“突发公共事件”是指突然发生、造成或者可能造成的、需要采取应急处置措施加以应对的包括重大人员伤亡、财产损失、生态环境破坏和严重社会危害，从而危及公共安全的紧急事件。

谭平认为，高校学生危机事件是指以大学生为主体或涉及大学生利益的，主要发生在高校校园内的，在事先未预警的情况下突然爆发或潜伏尚未发作的，对学校的声誉、秩序或部分成员造成严重影响的事件总称①。吕鹏从起因、主体和影响三个方面定义了高校学生危机事件，并提出高校学生危机事件是由自然原因触发的，是突然在高校中发生的。这是大学生在发挥主导作用的事件，它不依赖于高校管理者的意愿，会对学校的教学、工作和生活秩序方面造成某些影响或损害②。邓军彪认为，高校学生危机事件是指以学生为主体，在高校中突然发生的事件，可以迅速演变成具有影响力的大规模事件，它将危害社会和政治稳定。其定义强调了大学生发生危机事件的场所，并将此类危机的影响扩大到整个社会生活领域，而不仅限于高校的教育、教学和生活③。王蕊认为，高校学生危机事件主要包括集体食物中毒、传染性疾病传播等公共卫生类危机事件，洪水、地震、台风等自然灾害类危机事件，学生非法集会、游行、参与邪教活动等政治类危机事件，学生自杀、遭遇抢劫、群体斗殴等生命安全类危机事件，学生罢课、罢餐、静坐等学校管理类危机事件，等等。与一般性危机相比，大学生危机事件不仅具有意外性、突发性、紧急性、危害性和不可控性等特点，其敏感性更高、影响更广、

① 谭平．大学生危机事件的研究及管理[J]．教育与职业，2011（15）：173–175.

② 吕鹏．高校突发事件的概念、类型、成因及对策研究[J]．科技信息，2009（14）：346–347.

③ 邓军彪．地方高校大学生管理工作的创新与实践研究[M]．汕头：汕头大学出版社，2021.

传播更快、危害更大、持续时间更久、恢复也更慢①。

结合以上论述，高校学生危机事件可以定义为，在大学生的日常生活和课外活动中突然发生的，可能影响到他们的正常学习和生活，甚至会对大学生造成人身伤害的事件。这类事件对学校的正常教学、管理和秩序同样可能造成影响，同时对学校的形象和声誉产生负面影响。例如，大学生自杀、自残或自虐，感染疾病，食物中毒，离奇失踪，打架斗殴，偷盗抢劫，交通事故，宿舍火灾或网络信息不当传播，等等。

（二）高校学生危机事件的特点

尽管高校学生危机事件并不是危机管理理论研究的重点，且相比较而言，高校是相对稳定的地方，危机事件爆发率也相对较低。但是，由于高校是为国家和社会培养人才的重要场所，因此它们对社会具有广泛的影响。作为一个高素质的团体，高校师生历来受到政府、公众和媒体的关注。一旦高校发生大学生危机事件，特别是突发性事件和轰动性事件，将不可避免地成为社会关注的焦点。因此，对高校学生危机事件进行研究显得十分必要。厘清其基本特征，了解其处理方法，最大限度地减少高校学生危机事件，消除其不利影响，是每个高校管理者必修的功课。

1．共性特点

高校学生危机事件属于危机事件众多类型中的一种。危机事件是指发生在特定领域和特定群体中的各种危机事件。因此，在考虑高校学生危机事件的特点时，应至少考虑到高校学生危机事件的共性特点和个性特点两个方面。高校学生危机事件的共性特点也是一般危机事件的共同特点。从定义危机事件的角度来看，高校学生危机事件应具有以下六个共性特点。

（1）突发性

危机事件是小概率的偶然情况，通常由不同的节点串联，是许多细节排列组合后导致的不可避免的结果。这是一个从量变到质变的进化过程。发生是不可避免的，想要确切地预测它将在何时何地以何种形式发生是困难的甚至是不可能的。多数高校学生危机事件都是突然发生的，并且是无法预测的。它们通常在没有预警的情况下发生，即使在个别情况下会有一些预兆，也很难预测事件发生的时间、地点、规模和影响，这常常使高校管理人员措手不及。这警示了我们要更加注意

① 王蕊．提升辅导员在大学生危机事件应对中的执行力[J]．吉林广播电视大学学报，2015(09)：30-31．

高校管理工作中的细节。同时，为了达到扩大影响的目的，危机事件经常呈现出意想不到的方式，超出了高校的正常运作范围，更加凸显其突发性的特点。高校学生危机事件发生以后，其发展过程、趋势、实际规模以及具体的时间和影响的程度也难以预测和把握。再加上高校管理者对有些危机信息的掌握不及时、不完整，难以对高校学生危机事件进行有效管理。即便在对高校学生危机事件进行了有效管理的情况下，危机事件也可能会发生不可预测的突变。这些都会增加高校管理的难度。

（2）危害性

无论发生何种危机事件，都会不可避免地造成不同程度的危害。高校学生危机事件将在不同程度上影响高校日常工作的正常进行，具有消极影响。例如，造成学校财产和名誉损失，威胁大学生或他人的人身安全等。在高校学生危机事件中，情绪易偏激的学生容易迅速聚集在一起，若此时高校管理人员处理不当，甚至可能导致学生罢课和示威游行等严重后果。这些活动不仅破坏了教学科研等方面的正常秩序，给高校的日常工作和学生的学习生活造成了影响，而且易引起人们的思想混乱和极端的心理恐慌。由于大学生是易引起社会关注的群体，因此，此类事件的发生更易引起社会层面的关注，并且也容易被别有用心的人等操纵，客观上导致危害事件发生的后果更严重。高校学生危机事件发生的直接范围虽然不一定是在公共领域，但却会因其迅速传播而引起公众关注，成为公共热点，并造成公共损失，带来公共心理恐慌和混乱。此外，危机通常具有连锁反应，会导致继发性事故，造成更大的危机和随之而来的危害。

（3）双重性

双重性意味着既是危险，也是机遇。危机事件的危险性在于，高校学生危机事件的发生将不可避免地带来各种危害，但它们通常也包含机遇，存在转折点。如果能抓住其中的机遇，就很可能创新高校管理工作的方式，有效地防治其他危机的发生。危机事件的发生导致原有的高校管理体系遭到破坏，迫使管理者需要在短时间内选择解决的新思路和新办法。这就要求管理者具有敏锐的眼光，善于将大学生危机中出现的新话题、新需求和新因素转化为发展机会。而同时，还能够利用危机事件的特殊情况及非常状态，对高校师生的心理适应能力、辨别是非能力和团队凝聚力进行培养。在危机事件管理过程中也能够检查、发现和反思问题，这都将有助于提高学校的管理水平。只要高校管理者能够意识到高校学生危机事件的双重性，及时做出正确的决定，采取有效措施进行干预，危机事件就会为高校的发展带来新的机遇。成功地解决危机事件更将使高校经受住考验，积累危机管理经验并实现可持续发展。高校学生危机事件的危害与机遇并存，这也提醒管理者，面对危机事件，不要只是看到消极的一面，而是要努力将“危机”转变为“机会”。

（4）聚焦性

高校学生危机事件发生后，相关信息的传播比危机事件本身的发展要快得多。对于尚未步入社会的大学生来说，他们考虑问题的角度不够全面，甚至会表现得很偏激。具有严重影响力的高校学生危机事件就像在学校放了一颗定时炸弹一样。如果处理不当，它将迅速传播并诱发学生的思想活动，引起他们的共鸣和效仿，从而增加事件的严重性。加上当今高度发达的通信技术和快速的传播速度，该事件将不仅仅是高校的内部事件，而是引起媒体和整个社会广泛关注的公众舆论事件。

（5）紧迫性

结合之前的分析，危机事件通常是突发的、迅速发展的并带有一定危害的。如果不采取果断而迅速的措施来控制局势的发展，危机事件将更加恶化，并将产生无法弥补的后果。因此，高校学生危机事件发生之后，高校的管理决策者就必须尽快做出判断，部署各级部门迅速做出反应。

（6）持续性

高校学生危机事件一旦发生，无法立即掌握和平息。即使高校管理人员迅速做出反应，对于相关事件的管理和恢复仍将持续一段时间。

2. 个性特点

高校学生危机事件的个性特点与事件的主体属性和直接影响的对象密切相关。回顾近年来我国发生的高校学生危机事件，可以总结出以下四个个性特点。

（1）群体性

高校学生危机事件的主体是大学生。大学生思维活跃、敢想敢做。大学生群体中多数年龄相近，处于相同的社会环境之中，拥有相似的生活和学习经历。他们有共同的兴趣，对问题的看法和反应通常来说比较一致，易于相互响应。一旦发生危机事件，易引发群体性反应。此外，虽然高校学生危机事件的诱因往往比较单一，但是一旦处理不当，会引发其他学生或其他高校的效仿，产生影响更大的危机事件。因此，高校学生危机事件多为群体性事件，对更大范围的人群影响更大。

（2）特定性

高校学生危机事件发生的地方主要是高校。高校是大学生的主要聚集地，也是他们活动时间最多的地方，所以高校学生危机事件的发生场地自然以学校为主。

如大学生食物中毒、流行病感染、打架斗殴、自杀或其他恶性犯罪等，大多发生在大学校园内。当然，不排除某些情况发生在校园以外的地方，如校外伤害、校外失踪等。

（3）传播性

长期以来，高校事务一直是公众和舆论高度关注的话题。一旦发生危机事件，社交媒体将直接介入并进行公开报道。对于媒体来说，越是突发和轰动的新闻，就越能满足公众的好奇心。如果事件得不到及时处理，不能获得当事方的满意和公众的理解，那么危机事件将会以更快的速度进行传播。随着各种微视频制作和传播平台的出现，使得高校学生危机事件的传播速度和程度已不再是高校管理者可以轻易控制的。

（4）矛盾性

在高校学生危机事件中，最典型的争议是经济补偿或道德抚恤问题。由于当事各方，尤其是学校和所涉及的学生家长，对事件的责任方持有不同的看法，各方的诉求难以协调。正是由于利益冲突的复杂性，想要危机得到化解，就不可避免地需要使各方矛盾得到最终解决。可用的解决方法包括协商解决、调解解决和诉讼解决。最理想的是各方可以共同协商选择解决方法。

正是因为大学校园与成千上万的家庭联系在一起，高校学生危机事件的发生就不可避免地会引发社会的强烈反响，这将放大危机事件并产生辐射效应。如果能正确了解高校学生危机事件的共性特点和个性特点，及时有效地加以处理，坚持尊重事实、有效协商，则有可能减少危机的负面影响。

（三）高校学生危机事件的类型

综合当前一些对高校学生危机事件的分类和分析研究，由于研究视角的不同，其分类结果不尽相同，但最终的目的是相通的。通过对高校学生危机事件的分类，尽可能多方位思考和深度理解高校学生危机事件背后的内涵和影响，以便更好地应对和控制危机事件对学生和高校带来的负面影响。本书认为，应对和控制危机事件最重要的是从危机事件形成的原因着手。因此，通过对高校学生危机事件的成因进行分析，可将其分为以下五种类型。

一是政治性危机事件。该类危机事件是由政治因素引起的。自改革开放以来，中国的国际地位不断提高，但西方敌对势力对中国的破坏从未停止。部分大学生在面对西方敌对势力的言论和行为时易冲动，他们可能会采用非理性的方式表达自己的爱国情感。

二是社会性危机事件。随着高校管理方法不断地社会化和生源结构的多样化，学校与社会之间的关系越来越密切。今天的中国社会正处于重大改革、重大调整和重大发展的时期。社会主要矛盾已经发生转变，各类社会矛盾日益突出，各种不稳定因素激增。环境恶化、就业难等种种问题，使得一些大学生的心理变得不平衡，并采用极端的方式来表达他们内心的不满，从而导致了危机事件的发生。

三是事务性危机事件。在我国各项事业发展日趋迅速的今天，由于教育在短期内难以快速看到成效，高校的教学质量、后勤保障、硬件设施、管理理念和服务水平等方面，不能完全满足大学生日益增长的多方面需求，这为高校学生危机事件的发生埋下了隐患。

四是心理性危机事件。当代大学生的主体已是“00 后”，“00 后”大学生在思想观念上的表现更加多元化。一些大学生习惯了以自我为中心，承受不了任何违背自己意愿的事情。一旦遇到不顺的事情，往往会造成心理失衡并导致危机事件的发生。随着社会变革带来的许多矛盾，学生会面临学习、情感、就业、经济等方面的压力。有些大学生的心智水平无法适应这些压力，随之而来的是他们更为严重的思想混乱和心理负担，而长时间积累的负面情绪则会导致其情绪崩溃和某些极端行为的发生。

五是灾害性危机事件。相对于人为因素，自然性灾害是不可抗拒的。如地震、海啸、台风等自然灾害或流行病。由于近年来严重的环境污染、大气破坏、全球温度升高以及地壳活动频繁等，由自然因素引发的灾害性高校学生危机事件时有发生。高校校园作为一个生源复杂、人员较多的封闭性地方，很容易引起学生的慌乱和骚动。如果高校学生工作部门管理者忽视此类危机事件的预防，其后果将是灾难性的。

二、高校学生危机事件的理论基础

（一）危机阶段分析理论

世界著名的危机管理专家史蒂文 · 芬克（Steven Fink）将危机事件的发展分为四个阶段：危机潜伏期、危机爆发期、危机传播期和解决方案恢复期。他认为，危机的潜伏期是最容易应对危机的时期，但也是最鲜为人知的时期。危机的爆发期是很迅猛的，因为它可能造成最严重的心理影响。之后，危机便进入了蔓延期，这是最长的时期，也是危机管理最有效的时期。如果处理得当，会缩短解决危机的时间。在最后一个阶段中，当组织从受到的影响中摆脱出来时，仍然需要保持一定的警惕，以防止危机再次爆发①。

（二）危机管理 4R 理论

危机管理 4R 理论最初是由美国危机管理专家和危机管理大师罗伯特·希斯（Robert Heath）在《危机管理》一书中提出的，其目的是为企业提供一种主动管理风险而不是被动地等待风险的方法，这在管理高校学生危机事件中也同样具有重要的意义。危机管理 4R 理论包括“四力”，即缩减力（Reduction）、预备力（Readiness）、反应力（Response）和恢复力（Recovery）。“缩减力”强调危机缩减管理是危机管理的核心内容。因为通过降低风险、避免浪费时间等，可以大大减少危机的影响。主要可以从环境、结构、系统和人员等方面缩减危机管理。“预备力”表示预警和监视系统是危机管理中的一个整体，用于监视特定的环境，以便对每个细节的负面变化做出反应，并向其他系统或负责人员发送信号。“反应力”即当危机来临时应采取何种应对措施从战略上解决危机。危机反应管理的范围非常广泛，如危机的沟通、媒体的管理、决策的制定，以及与利益相关者的交流等，所有这些都属于危机反应管理的范畴。“恢复力”意为一旦危机得到控制，迅速弥补危机造成的损失就成为危机管理的主要任务。在进行恢复工作之前，企业必须首先分析危机的影响和后果，然后制订具体的恢复计划。这样企业就可以尽快摆脱危机的阴影，并恢复以前的运营状态。同时，企业也必须抓住危机带来的机遇，进行必要的摸索，以找到能够使企业恢复到比危机之前更好的方法。

（三）需要层次理论

马斯洛的需要层次理论是迄今为止研究人类需求的最系统的理论，受到了社会各界的一致好评。1987 年，马斯洛需要层次理论在我国的管理和心理研究方面颇受欢迎，人们也逐渐熟悉了他的理论。在长期的心理研究工作中，马斯洛对人的需求进行了全面而深入的研究，他将人的需求分为五个层次，它们从最低到最高依次为生理需要、安全需要、归属和爱的需要、尊重需要以及自我实现的需要。其中，他将低层次的生理需要、安全需要、归属和爱的需要称为缺失性需要；将高层次的尊重需要、自我实现的需要称为成长性需要。

人们的需要是有层次的，且有好与坏的区别。但是这个顺序不是完全固定的。马斯洛指出：“我们把这个层次集团说成仿佛是一个等级固定的集团，然而实际上

① 邓军彪．地方高校大学生管理工作的创新与实践研究[M]．汕头：汕头大学出版社，2021．

它并不完全像我们可能表达的那样刻板。”[①] 研究中大多数人的基本需要似乎是按照如此的层次水平排序的，但是也有很多例外。人们需要的满足程度是相对的，主要表现在：当一个层次的需要得到了相对满足，便不再是一种积极的推动力，而是会发展到更高层次的需要，越到高层次，满足的百分比就越低。在同一时期，可能同时存在多种需要，但只有一种需要占主要部分并支配着人们的行为。例如，一个人在刚出生时，看不到他的高层次需要。此外，在人生余下的大部分时间里，人们不同层次的需要是重叠存在的，并且是并存的。这五种需要可以分为两个级次。区分级次标准的依据主要基于是否可以满足外部条件。前三个层次的需要属于较低级次，通常可以通过外部条件得到满足。后两个层次的需要属于较高级次，主要通过内部因素来满足，并且是无限的。一般来说，高级次需要的满足与个人的身心健康水平成正比。尽管各个层次的需要都显示出一种递进的关系，但是各个层次的需要是相互依存和重叠的。一旦开发了更高层次的需要，较低层次的需要仍然存在，但是对人类行为的影响就大大降低了。

（四）传播学相关理论

“沉默螺旋”一词最早出现在 1974 年诺埃尔－诺伊曼（Noelle-Neumann）在《传播学刊》发表的论文《重归大众传播的强力观》中。1980 年，在《沉默的螺旋：舆论——我们的社会皮肤》一书中，诺伊曼对沉默螺旋理论进行了详尽的讨论和总结。她认为，为防止孤立和社会制裁，普通百姓在发表意见时必须首先考虑“舆论氛围”。如果这些意见与现有多数意见相同或相似，他们将更加大胆和活跃；如果意见属于少数，则由于公众舆论的无形压力，他们往往会保持沉默。因此，舆论的形成已经成为一个螺旋式的过程，在这一过程中，一方越来越大声喊叫，而另一方越来越沉默[②]。

个人“表达意见”是一种社会心理过程。作为一种社会动物，人们总是试图从周围环境中寻求支持，以避免陷入孤立的状态。这就是人的“社会本性”。意见的表达和“沉默”的传播是螺旋形的社会交流过程。换句话说，一方的“沉默”会使另一方的意见上升，从而使“优等”的意见显得更强，这反过来又迫使更多持不同政见者转向“沉默”。

大众传播通过创建“舆论环境”来影响和限制舆论。沉默螺旋理论的一个重点是，媒体所暗示的“舆论气候”可能并不总是社会舆论分布的真实反映，而对

① 马斯洛．动机与人格[M]．陈海滨，译．南昌：江西美术出版社，2021.

② 邓军彪．地方高校大学生管理工作的创新与实践研究[M]．汕头：汕头大学出版社，2021.

普通社会成员而言，准确地捕获此分布则是困难的。在这种情况下，即使是由媒体提示的少数人的意见，也很容易被人们理解为“多数”或“主导”意见，其结果将导致“沉默螺旋”过程开始并成为现实。

第二节 高校学生危机事件管理的基本原则和注意事项

高校学生危机事件管理，主要包括高校学生工作管理部门对危机的预警和防范，对危机的控制、处理，以及危机解决的善后处理等。一旦大学生突发危机事件，若对相关事件信息处理不够科学、合理，事态很有可能就会变得更加严重。而对于高校学生工作管理部门来说，在对高校学生危机事件的预防与处理的过程中，如若操作不当，极有可能引发各种纠纷甚至直接导致相关法律责任的追究。因此，了解高校学生突发事件处理的要求尤为重要，只有清楚高校学生危机事件管理的基本原则，掌握高校学生危机事件管理的注意事项，才能及时有效地预防和减少高校学生危机事件带来的严重影响，确保大学生健康成长，保障大学校园的各项事务的有序开展。

一、高校学生危机事件管理的基本原则

了解、研究和掌握高校学生危机事件管理的基本原则，对大学生危机管理具有重要意义。合理且有效地处理高校学生危机事件，应遵循以下五个基本原则：以预防为主、以人为本、坦诚交流、高效快速、依法治校。

（一）以预防为主原则

以预防为主原则是高校学生危机事件管理的基本出发点之一。这意味着学校和学生都应该在整个危机管理过程中牢固树立危机预防管理意识，将其作为危机管理的关键，并充分认识到危机管理的最终目标是在问题发生之前就先进行预防，消除可能出现的隐患和危险，并减少发生危机事件时造成的损失，同时及时找到合理的解决方案。美国危机管理专家迈克尔·雷吉斯特（Michael Regester）认为“预防是解决危机的最佳方法”，深刻揭示了危机管理的以预防为主的原则。能提前消除危机是危机管理的最优状态，处理危机的最佳方法是尽可能避免危机。尽管由于高校的特殊环境，大学生的危机涉及大量的人员，因此特别复杂并且具有高度不确定性。但是归根结底，高校仍然是一个相对成熟的“小社会”，且存

在着相对完善的团队和组织，许多危机事件仍然可以得到一定程度的控制。“一分靠应对，九分靠预防”，高校可以采取切实可行的措施，在日常管理中重视对师生的危机意识教育，在问题发生之前预防，并继续加强研究，总结经验和教训，学习相关的理论知识，参考现实中预防的实例，对各种可能发生的危机事件进行提前预测和分析，不断完善各种危机应急管理系统，组织制订全面可行的危机预案和计划，并定期进行日常防御演练和不定期培训，竭尽所能减少高校学生危机事件发生的可能性，提高高校的危机事件管理水平。一方面，针对可能发生的各种危机事件，高校必须全面、系统地总结校内外各种经验，并充分学习国内外相关预防研究的理论和实践成果。更重要的是要制定出一套适合本校的综合性防治措施，并鼓动全体师生积极实施，以形成针对整个学校教学育人过程的整体性紧急响应系统。另一方面，高校普遍具有系统、完善的领导机制。学校内部的分工也是细致且明确的，有助于建立危机管理组织。在人力、物力、财力及其他资源允许的情况下，学校可以考虑创建一个特有的大学生危机管理部门，来全面负责大学生危机事件管理。该部门致力于建立科学规范的大学生危机事件管理机制，专门负责事件的确认和分类、预防和预警、应急措施、紧急保护和善后工作。此外，高校要制定详细的条例，以阐明高校学生危机事件管理的启动标准和应对程序。

如今，全球互联互通，存在着更多的不确定性和突发危机的可能性。一旦危机形成，解决起来更为复杂，牵扯面更广。但是，危机的发生又是由长期积累的矛盾和问题导致的。因此，最好能在危机爆发之前，预先发现潜在的矛盾和问题。这也是为何有些学者提出了将“危机管理”转变为“问题管理”的议题。而实际上，要将危机管理转变为问题管理，必须有意识地对危机进行常态化的管理。这不是说要用问题管理来代替危机管理，而是要形成“以预防为主，预防和消除相结合”的管理模式。

（二）以人为本原则

以人为本是高校学生危机事件管理的核心原则，也是最根本的价值取向。它要求在危机事件发生之后，学校首先应该以教师和学生的利益为先，并且要毫不犹豫地维护教师和学生的权益。在整个危机事件发生的过程中，学校的管理者必须做到尊重生命，最大限度地避免与师生的人身安全和财产安全发生冲突，始终把师生的生命和财产安全放在首位。学校的管理者应最大限度地倾听教师和学生的心声，必须尊重其基本权利，如人权和知情权等，竭尽全力减少危害教师和学生利益的风险。

以人为本原则不仅是科学发展观的核心，更是科学发展观的核心价值取向。这也是高校学生危机事件管理的最高原则和第一原则。高校学生危机事件管理的根本目的是保护教师和学生的生命和财产安全。在处理危机事件的过程中，高校必须把挽救生命和确保师生的基本生活作为重中之重，并尽一切可能保护受害者和救援人员的生命安全。在预防和处理危机的任何环节都要尊重人权，将教师和学生的利益放在首位。当大学生遇到危机事件时，教师应迅速带领学生一同撤离发生危机事件的区域，反对不顾及自身安危的救助。与此同时，即便在紧急情况下，高校的管理者也应尽一切可能维护教师和学生的权利，以防止因管理不当等因素造成对师生权利的侵害。

（三）坦诚交流原则

坦诚交流是高校学生危机事件管理的重要原则。这意味着在高校学生危机事件管理过程中，高校不应为了避免发生公共关系危机阻塞信息渠道，应及时、坦诚且有效地与校内外各界人士沟通。学校里人口稠密，较容易发生危机事件。当高校学生危机事件发生后，坦诚交流应受到高校管理者极大的重视。就学校内部而言，交流不仅是缓解危机的必要条件，更是在危机事件发生后能够提高师生、家长及社会对学校的认同，帮助师生、家长及社会各界正面了解危机事件的起因、经过，达成共识，支持学校处理危机事件的方式，能有效减轻危害。对于学校外部而言，危机事件发生后的坦诚交流有利于高校维护良好的管理育人形象。高校学生危机事件如若在社会上不受控制地变相传播，就会成为人们茶余饭后的谈资，甚至产生谣言。此时，获取社会各方的支持对于高校来说十分重要。因此，高校学生危机事件管理中的交流应做到及时、积极、有效。

首先，交流必须及时主动。危机事件发生后，各种谣言将会迅速在校园内外传播。高校应积极配合公众提问和媒体采访，向师生和公众陈述事实，帮助受害者克服恐慌，及时通过各种渠道与上级管理部门、辖区警方、当地政府、学生家长和社交媒体传达正确的信息，积极引导舆论。要安抚好学生和家长的情绪，设法维护校园秩序稳定，促进危机事件向好的方向转变，使学校尽可能处于危机事件管理的主导地位，有助于迅速消除各种谣言的滋生，有效防止公共关系危机的发生。其次，要积极坦率地交流。伴随着高校学生危机事件的发生，接踵而来的是各种流言和谣言的迅速传播，高校将会成为大众和媒体关注的焦点。在这种情况下，不要想着投机取巧地敷衍了事。高校必须积极地与媒体联系，进行及时有效的沟通，做到尊重事实。高校不能隐藏事实真相，不要逃避出现的问题和错误，应勇于承担责任，主动与新闻界和大众交代，说明事态进展。只有及时地将准确的信息传递给上级部门、当地政府、师生及家长，才能打消公众的疑虑和焦虑，重获师生和家长的信任和尊重，从而凝聚各方之力，达到师生、家长、学校和社会各界共同解决问题的目的。最后，要进行有效的交流。如前文所述，有效的信息沟通是高校学生危机事件管理的一个关键环节。因此，高校须重视有效的交流在危机事件管理中的作用。高校应建立大学生危机事件管理的信息沟通机制，畅通信息反馈渠道，维护危机管理者之间的交流，要保持通畅无阻，以确保在任何情况之下都能进行有效的交流，以免耽搁时间影响事态的发展。

（四）高效快速原则

高效快速原则是处理高校学生危机事件的原则之一，这取决于高校学生危机事件的突发性特征。高效快速原则意味着在发生大学生危机事件后，学校应从容镇定、积极果断地应对，在第一时间迅速做出反应，并立即采取有效措施以防事态加重，争取在萌芽阶段消除危机，设法将其控制在较小的范围内，防止其蔓延，并最大限度地减少危机造成的损失。高效快速原则要求尽可能地控制局势的恶化和蔓延，减少损失，并在最短的时间内恢复和重建高校的良好形象。危机事件发生后，高校必须迅速做出反应并立即采取救济措施，以免扩大危机事件牵扯的范围。在某种程度上，成功地进行危机事件管理的关键通常在于尽可能地缩短事故发生与采取应对措施之间的时间间隔。一旦大学生危机事件涉及面广，涉及程度严重，高校却没有及时采取措施，整个大学校园将陷入混乱。为了高效快速地处理好大学生危机事件，有必要追求“损失最小化”，充分体现高校积极的负责任的态度，以及对一切事务以人为本的理念。确保在整个危机事件管理过程中进行有效果断的处理，做出科学系统的决策，协调师生、家长积极响应。

遵循高效快速原则，具体要做到以下四点：一是要果断科学。高校学生危机事件变化快且会影响整体，任何模糊不定的决策都会产生严重的后果。这就要求高校有一个专门的危机管理常设机构，该组织可以专注于在危机事件发生时尽快做出决策，动用一切资源果断处理紧急情况。坚决反对机械化的决策方法和程序，在时间、信息、替代方案和人力资源严重不足以确保决策的特殊情况下，高校必须集中精力提高管理的科学性。二是要统一领导。高校在危急情况下必须坚持统一领导。这是因为管理危机事件需要快速响应和果断的决策。只有在统一领导下，才能避免政出多门和拖延的情况发生。外部联络和沟通也必须严格遵循统一的命令，并且只能使用一种声音来报告危机，要避免意见分歧和口径不同。如果内部有不同的声音，将不可避免地引起舆论和听众对信息的不良回应。三是要协调响应。高校学生危机事件具有群体性、社会性和不确定性等多种特征。学校不是某个部门或个人就可以进行管理的，这要求所有相关部门和职工树立全局意识和责任感，遵循学校指示。要积极做好纵向和横向协调，动员教师、学生、家长及社会等各方的参与，达成多方共识。四是要积极回应。一些高校学生危机事件涉及较为敏感的话题，很容易引起社会的广泛关注。危机事件管理者必须积极地做出反应。值得强调的是，尽管针对高校学生危机事件的管理强调依法管理，但这与速度原则并不矛盾。必须坚决防止官僚主义，避免反应迟钝导致局势进一步恶化，失去了化解危机的最佳时机。

（五）依法治校原则

依法治校原则是指高校在处理危机事件时应遵循相关的法律法规和规章制度，并按合法程序予以解决。高校可以使用校园官网、学报校刊、官方微博、微信公众号等媒介进行宣传教育，召开专题会议、主题班会等来提高师生的认识，提高高校管理公信力，使高校学生危机事件的管理更加规范和科学，确保遵纪守法。依法治国是现代民主政治的基本要求，也是依法治校在管理高校学生危机事件中的一种体现。

遵循依法治校的原则，要求在实践中必须实现以下三点。一是不断完善法律法规。我国高校学生危机事件管理的研究起步较晚，未形成系统的法律法规，导致在处理高校学生危机事件时常常无据可依。在国家层面，应根据《中华人民共和国突发事件应对法》《国家突发公共事件总体应急预案》的要求，制定和颁布处理高校学生危机事件的法律法规。作为高校，必须严格以有关法律法规为指导，结合地方政府的实际情况和学校自身特点，进行分级分类的危机管理，建立健全高校学生危机事件应急预案体系和危机管理制度体系。二是时刻注意人文关怀。在处理高校学生危机事件时，应以现行法律法规为基准，尊重人权。在危机实际管理过程中，既要遵守法律，勇于承担应有的责任，又要体现人文关怀。三是善于总结经验，汲取教训。当高校学生危机事件基本上得到控制后，高校管理者就需要根据情况制订针对性的恢复工作方案，来稳固学校的教育教学和服务管理秩序。在危机完全消除之后，高校管理者也有必要围绕危机事件管理过程的各种细节，进行详细深入的研讨，认真吸取教训，加强管理，完善制度。通过对危机平息后的恢复和评估，继续深入探究危机事件发生和存在的根本原因，从根本上消除危机隐患，并努力追求高校科学安全的发展。

二、高校学生危机事件管理的注意事项

（一）树立高校学生危机事件的管理理念

通过简单的机构和临时计划无法完成对大学生危机事件的管理，必须有成熟的管理理念、严格的管理制度和机构的支持，才能有效地管理大学生的危机事件。

首先，对高校学生危机事件的管理应“以人为本”。科学发展观把“以人为本”作为发展的最高价值取向，它的含义是尊重、理解和关心人，它是不断满足所有人的需求，促进人的全面发展的根本出发点。“以人为本”体现了对人自身的理解，对人的价值的重视以及人的尊严在管理过程中的重要性。高校学生危机事件的管理必须以人为本，善待事件中的每一个人，要考虑统筹全局，不要犯疏忽大意的错误，要理解和满足大学生的情感和生活需要。

其次，高校学生危机事件的管理必须有明确的目标。管理是人类有意识的和有目的的活动。对高校学生危机事件的管理也应当有明确的目的。对大学生而言，高校学生危机事件管理的目的是保护大学生的生命健康权，在此基础上，实现大学生的全面发展，提高大学生的学习和生活质量。对学校而言，高校学生危机事件管理的目的是维护校园的稳定，确保正常的生活和学习秩序，维护学校的形象，并为学校的发展创造良好的外部条件。

最后，管理大学生的危机事件要端正态度。许多人对大学生的危机事件持消极态度，认为这是高等教育异常发展的产物。实际上，应当正确看待高校学生危机事件，首先必须明确危机事件是客观存在的，是不可避免的现实。在承认危机事件确实带来负面影响的同时，有必要认识到危机事件管理可以帮助提高学校应对各种可能出现的不稳定因素的能力，有利于学校的自我完善和自我发展。

（二）建立高校学生危机事件的管理机制

高校学生危机事件的发生和发展不是一成不变的，而是遵循一定的事物发展规律。高校学生危机管理的过程往往与周期相对应。为了有效地减少和控制高校学生危机事件的发生，有必要建立规范、专业的高校学生危机事件管理机制。

1. 弄清楚大学生的危机管理阶段

大学生的危机管理阶段与高校学生危机事件的演化周期相对应，贯穿危机事件发生和发展的整个周期。高校学生危机管理的过程分为以下四个阶段。

预警阶段。这个阶段是大学生应对危机的关键，因为预防是解决危机的最佳方法。预警阶段是指基于发现和收集信息以及预防措施和控制措施，针对可能的

危机事件采取相应的措施。任何危机事件的发生都会有先兆。通过日常管理的检测和对信息的收集，可以发现危机的征兆，并采取相应的措施，或者在萌芽状态下处理危机事件，或者争取时间来处理危机事件，使事件不扩大，不激化。

紧急阶段。这个阶段是大学生危机管理的核心。紧急阶段是指在发生危机事件时及时做出反应，激活应急机制，迅速识别事件原因，并采取相应措施稳定和控制局势，以防止局势扩大和升级。在这个阶段，可以采取一系列有序、积极的应对危机的方法，但应特别注重以人为本和安全。

隔离阶段。这个阶段的主要任务是防止危机进一步扩大和蔓延，减少危机造成的损失，防止危机的连锁反应。在此阶段，有必要保持头脑清醒，首先对事件进行分类和评估，然后根据事件的发生及时调整应急预案，并有效利用信息。

善后阶段。当控制了大学生的危机事件时，危机事件造成的物质和心理损害将持续一段时间，并且个人和组织通常会处于高度不稳定的紧张状态。因此，在善后阶段主要是跟踪和反馈危机结束后的情况，尽快恢复正常秩序并减少危机的影响。

实际上，这四个阶段不一定会依次发生。它们可以是渐进的、跳跃的或重复的。因此，必须根据实际情况灵活执行。

2. 完善大学生危机管理机制

完善大学生危机管理机制，可以在危机事件演变的各个阶段发挥有效的管理作用，这是危机管理必不可少的重要内容。管理机制的完善，不是一个孤立的事件，而是一种整合多种力量的系统性工作。为了使高校学生危机事件管理达到管理目的，必须提高对危机的认识，并有一套完整的管理机制，使危机管理制度化、规范化、专业化。

建立常设机构进行危机管理，这是完善大学生危机管理机制的前提。目前，一些高校的危机管理机构通常是临时的，事件结束后，就会被解散，这使得危机事件的管理缺乏系统性和连接性。设立常设机构有助于加强对危机事件的日常监控和管理，提高防范能力，促进危机事件管理应用理论的形成。在一个常设组织中，决策机构是危机管理的核心和“指挥总部”，发挥指挥和决策的作用。

3. 建立危机心理干预机制

高校可以建立危机心理干预机制，通过开设心理健康教育网络和心理实验室，利用心理知识对学生进行教育和指导，从而及时调整大学生的消极情绪，避免危机事件发生，或者进一步恶化。这也有助于当危机冒头的时候就将其消除掉。

第三节　高校学生突发事件处理的有效路径

在处理大学生的突发事件时，如果运用的方法和策略恰当，就可以减少突发事件造成的影响或损失，使突发事件得到有效的控制与解决。

一、建立健全应对大学生突发事件的工作机制

一方面，不断完善高校辅导员应对大学生突发事件的系列培训机制。加强辅导员队伍应对大学生突发事件的能力，需要高校有计划、有组织地开展辅导员队伍系统培训。高校除了开展新入职教师的岗前培训外，还应大力举办针对辅导员队伍的专门培训，涉及大学生突发事件处置、典型案例分析、应对安全事件等方面的各类技能培训，如如何使用消防器材、如何预防溺水、如何处理晕厥等，让辅导员队伍不仅要提高理论素养，同时也要积累实战经验。另一方面，加强校内各学院的大数据整合建设，实现大学生突发事件信息共享，加强交流。

二、提高辅导员应对突发事件的能力

一是培养辅导员对突发事件的预防意识。高校辅导员作为处理大学生突发事件的主要参与者，要充分意识到预防突发事件发生的重要性，一定要有意识地提高自己的突发事件预防意识。辅导员在日常事务管理工作中要有仔细的观察力，尽量把大学生突发事件消灭在萌芽状态。要充分了解每一位学生，尤其是特殊的学生，做到及时更新特殊学生群体的个人档案信息，也要教育学生，要结合不同类型的突发事件召开不同的主题班会，借助班会对大学生开展心理健康教育、安全教育等各类型的教育活动；要充分地发挥学生会、分团委、学生干部的模范带头作用，建立一套科学完善的预警体系，及时准确地了解各班级、各宿舍中重点关注的特殊学生群体的思想动态，如果发现突发事件的苗头要及时处理。

二是提高辅导员自身的综合素质。辅导员要不断提高自身在教育学、教育心理学、教育管理学、教育法律法规等多学科的自觉学习能力，将所学运用在学生日常事务管理中。辅导员要提高自身应对大学生突发事件的相关学科的理论和技能水平，为处理突发事件打下扎实的基础。通过分析研讨具有代表性的正反面典型事例，提高辅导员对大学生突发事件的辨别与处理能力。辅导员还要积极主动

参与大学生处理突发事件的培训活动，主动到其他高校学习先进的管理经验，不断提高应对大学生突发事件的能力。

三是做好大学生突发事件的发现者。大学生突发事件干预具有专业性强、涉及面广的特点。高校辅导员作为高校学生事务的管理者，与学生接触密切，在日常工作中，是学生的引路人和指导者，与学生朝夕相处。辅导员要掌握教育学、教育心理学、管理学等学科的扎实的理论基础知识，如此才有助于及时发现一些异常情况，做到及时有效干预，采取精准措施，将危害降到最低。

四是做好处理大学生突发事件的参与者。辅导员在面对不同的危机事件时，都要全程参与。不管事件大小，在参与的过程中都应具备高度的责任心。另外，学生在事件中还需要辅导员的陪伴，辅导员不仅要有足够的耐心，而且也要足够细致。

五是在大学生突发事件中辅导员绝不做庇护者。在日常学生事务管理工作中，辅导员与学生接触较多，有些辅导员在工作过程中极容易产生过度保护学生的现象。在大学生突发事件发生时，辅导员一定要注意做到具体问题具体分析，提高职业敏感性，不过度庇护任何一个学生。

六是在处理大学生突发事件中，辅导员应将专业的工作交由专业的部门和机构处理。在日常的辅导员事务管理中，辅导员不仅是大学生的思想政治教育者，也是事务的管理者，虽然掌握了一些业务知识，但是在解决突发事件过程中，辅导员掌握的理论以及业务知识还是不足以较好地解决突发事件。因此，要做到区分处理，将突发事件分类，交由不同的专业部门与机构去处理。

三、加强对大学生的危机意识教育

大学生突发事件具有突发性与危害性。近些年，我国的一些高校一改“事后管理”的模式，开始实行动态管理，通过建立应急预案的方式，加强对大学生的危机意识教育。

（一）建立大学生突发事件的应急预案

大学生突发事件的应急预案是指事先制订的应对突发事件的处置方案，一般包括预警预测、应急、后期处理、应急保障及宣传教育。坚持“以预防为主”的管理理念，避免遇到突发事件时惊慌，保证高校与社会的稳定。

（二）加强事前教育

事前教育指的是对大学生进行忧患意识的培养与应对突发事件能力的培养。

首先，培养忧患意识，引导大学生在处理突发事件中发挥自身的主观能动性，辩证地看待突发事件，做到不惊慌失措；其次，培养应对突发事件的能力，能够有效地降低突发事件的发生率。尤其是对于自然性突发事件，高校可以通过设置情境，增强大学生对自然性突发事件的预防意识。

（三）发挥学生干部的作用

辅导员在日常工作中要有一双善于观察的眼睛，要有一颗善于培养一批责任心强且关心同学的学生干部的心，当自己想了解学生的基本情况时，可以从学生干部中获得第一手资料。辅导员平时还要善于深入学生当中，与学生干部保持适度的交流，及时发现学生群体中可能出现的突发事件，使其消失在萌芽状态。

四、加强危机管理

（一）反应迅速，争夺先机

辅导员面对大学生突发事件时，要对突发事件进行综合研判。如果较为严重则要马上向领导汇报。当大学生突发事件发生时，首先，要尽快识别与判断突发事件的类型，选择恰当的处理办法与预案，以免错失良机；其次，要尽快制定相应的对策并付诸行动，掌握处理突发事件的主动权。这样有助于控制与解决突发事件，让损失降到最低。辅导员要第一时间赶到现场，途中尽快向与事情有关的学生干部核实情况，尽可能地掌握事件发展的全过程，一方面尽量及时联系学生家长，争取学生家长的理解和支持；另一方面，要向学院、学工处等职能部门汇报。

（二）做到控制与隔离，创造有效环境

突发事件从紧急阶段到全面爆发是一个不断升级的过程，也是破坏力不断增大的过程。大学生突发事件极易造成更多人员伤亡与财产损失，影响校园的正常秩序，使校园处于混乱状态。因此，决策者必须及时隔离突发事件的地点，将突发事件的控制场所与易于交流的场所分开，阻断内部信息与外部信息。这样可以有效地防止突发事件的影响进一步扩大，确保为处理突发事件创造一个安静且有效的环境。

（三）构建权威的信息公开体系

在应对大学生突发事件的过程中，信息的不对称与不公开势必会造成小道消息甚至谣言的存在，这有可能会造成事件的再次升级。因此，学校有必要建立权威的信息公开体系，如利用网络媒体或学校领导出面等，主动及时且真实、客观地将信息公开，避免谣言进一步地扩散，减少大学生群体的心理恐慌。高校要在危机管理中处于主动地位，赢得师生的信任与支持，提高处理突发事件的效力与公信度。

（四）沉着冷静，有效应对

辅导员到达事发现场，要及时安抚在场学生的情绪，如果现场较为混乱，一定要设法稳住现场；进一步向有关学生了解情况的经过，搜集相关证据，将事发现场保护起来以免遭到破坏。同时，要找到责任心强的学生，进行相关工作的安排。

（五）以情化人，化解危机

在处理突发事件的过程中，辅导员要把握好自己的角色定位，在不涉及原则问题的情况下，能协助解决的尽量协助，不能解决的不可以擅自做出承诺；要充分发挥在学校、家长、学生、各部门以及社会沟通中的桥梁纽带作用；避免发生争端，抓重点任务，做好沟通工作。

（六）依托团队的力量，整合校内外资源

大学生突发事件发生后，学校层面会临时成立突发事件处理小组，包括学生工作部、保卫处、学校心理咨询中心、相关院系等负责人来统筹处理该事件。辅导员在处理突发事件的过程中，一定要依托团队的力量，整合所有掌握的资源为团队服务，听从领导的安排，密切联系团队成员。

五、做好大学生危机服务工作

大学生突发事件的危害基本得到控制与消除后，学校要及时组织事后恢复与重建，减小突发事件的影响，尽快使学校的教学与生活秩序得到恢复，并妥善处理由突发事件引起的矛盾。大学生危机服务工作做得如何，直接关系到高校的发展。

（一）恢复重建工作

突发事件对周围学生或多或少会产生影响。当突发事件得到基本控制及解决后，高校要尽快将突发事件的事后恢复工作提上日程，要组建突发事件恢复管理

机构，尽快让师生重回正常的学习和生活状态。高校要事先准备应急管理预案，快速制订突发事件恢复重建计划，为重建工作提供指导。辅导员要迅速排查负面影响的覆盖面，根据不同程度，采取不同的干预方式。排查后，辅导员召集心理压力较大的学生召开座谈会，引导他们理性对待本次突发事件，化解心理压力。同时，在各个年级、各个班级，通过召开主题班会的形式，引导学生客观看待这起事件，营造良好的氛围。

（二）恢复大学生的身心健康

大学生突发事件往往会对大学生的生理或心理造成不同程度的伤害，如造成身体伤残、导致精神状态不好、产生恐惧等，如不能及时恢复事件相关者的身心健康，可能会对其造成一定的影响，甚至影响其终身。因此，高校必须积极采取措施，使受到伤害的师生尽快恢复身心健康。首先，恢复生理健康。这主要依靠医疗机构来开展。在进行治疗的过程中，学校有关领导以及辅导员和学生干部要及时探望与慰问，时刻关注他们的身体恢复情况，鼓励他们乐观面对伤病，勇于战胜困难。对于需要支付的医疗费，高校要协助受伤害的师生通过医保等渠道得到合理的解决。其次，恢复心理健康。心理健康的恢复工作较为艰巨，包括受伤害的师生和参与突发事件处理的人员。高校要动员心理学专家、思想政治教育工作者积极投身于心理康复工作中来，特别是对存在心理障碍的师生给予特别的关心。高校可以主动邀请家长、亲属和教师一同参与恢复工作；主动请心理医生帮助治疗，同时要做好相关人员的信息保密工作，以免受到二次伤害。

（三）整理信息，适当发布

在处理较大的突发事件时，辅导员应配合院系妥善做好信息传递工作。处理难点在于：一是当事人隐私与其他学生知情权之间的矛盾；二是高校安稳需要与高校师生知情权之间的矛盾。因此，高校在处理突发事件时要做到：首先，辅导员要第一时间通知可能受到影响的学生，采取相应措施，使影响降到最低；其次，当事学生要求保密时，如情感纠纷事件等，要对其他学生做到保密。

第五章　高校学生就业管理

就业是民生之本，大学生就业是高校培养人才的重要环节，是高校服务社会和改革发展的重要内容。做好高校毕业生就业工作，是加快推进以改善民生为重点的社会建设的具体体现，是构建社会主义和谐社会的重要内容，是建设人力资源强国和建设创新型国家的必然要求。做好大学生就业工作意义重大。

第一节　高校学生就业管理的内涵、意义和基本原则

一、高校学生就业管理的内涵

（一）高校学生就业管理的界定

关于高校学生就业管理的内涵，学术界有三种主要观点。第一种观点认为高校学生就业管理旨在搭建和完善高校网络平台和就业信息系统，实现大学生就业管理工作的电子化和网络化。第二种观点认为高校学生就业管理旨在完善大学生就业市场，加强大学生就业指导工作，开展大学生就业教育。第三种观点认为高校学生就业管理就是通过行使公共教育权利，承担社会公共责任，适应市场机制，调节供求关系，推动劳动人才合理流动，实现劳动力资源的合理配置，为国家在政治、经济、文化等领域的发展提供人力资源保障。

以上观点从不同视角对高校学生就业管理的基本内涵进行了界定，都有一定的合理性，但是对高校学生就业管理进行定义需要考虑时代背景，因为高校学生就业管理随着社会的发展而变化，因此其内涵也会因所处社会发展阶段不同而有所差异。比如在计划经济时代，我国高校学生就业管理主要是行政管理工作，而随着我国就业制度改革的不断推进，高校学生就业管理从单一的行政管理拓展为集指导、信息、市场、管理为一体的全面就业管理。

因此，当前我国高校学生就业管理的内涵应有狭义和广义之分，狭义的高校

学生就业管理指大学生就业的行政管理工作，包括毕业生资格的审查、就业协议书的管理、就业计划的制订和毕业生派遣等。广义的就业管理指为保证大学生就业工作的科学和有序而进行的系统管理，除传统的就业行政管理以外，还包括学生的就业指导、就业市场开发、组织与管理，就业信息收集、处理和发布等内容。

（二）高校学生就业管理的特点

高校学生就业管理是高校学生管理的重要组成部分，但因其管理内容的不同，除了具有高校学生管理中突出的教育功能、鲜明的价值导向、复杂的系统工程和显著的专业特色等特点外，还有其自身显著的特点。

1. 政策性

大学生是建设国家的专业性高级人才，关系到社会主义事业的建设与中华民族的伟大复兴。随着社会的不断进步和经济的快速发展，高校毕业生就业制度也随之发生了变化。国家对大学生就业方针、原则以及方法都有明确要求，并通过各级党委、政府以及高校予以贯彻。一方面，在高校学生就业管理过程中涉及的签约、违约、资格审查、户口迁移、档案管理等，需要严格遵循相关政策的规定，以保障大学生的合法权益。另一方面，随着形势的变化，国家往往会制定促进大学生顺利就业的相关政策，为大学生就业管理指明方向。大学生就业管理就是要围绕党在大学生就业方面的路线、方针、政策开展工作，实现我国人力资源的优化配置。

2. 市场性

大学生就业市场是社会主义市场经济体系下要素市场中劳动力市场的一部分，是专门以高校毕业生为对象的初次就业市场，是高校毕业生就业制度的一个重要组成部分。大学生就业市场是实现大学生就业的主要场所。遵循市场经济规律，借鉴市场经济工作方式和理念，加强大学生就业市场建设是大学生就业管理的重要内容。一方面，通过对大学生就业市场人才需求的数量、层次、专业、区域分布等进行深入分析，确定目标市场，制订开发计划，拓展大学生就业市场的资源。另一方面，通过规范市场秩序、细化服务流程，做好集中性大型招聘会和日常性小型招聘会的策划、筹备和组织工作。

3. 服务性

改革开放后，我国大学生就业进入双向选择、自主选择阶段，大学生就业更具市场化特征，大学生就业管理工作更多地体现为大学生就业服务体系的构建。以服务管理为突破口，改变了过去重管理轻服务的做法，将管理与服务有机地结合起来。在就业指导方面，构建以市场为导向，学业、就业、创业、职业全程关注，个性化、体验式的大学生就业、创业教育模式。在就业信息方面，开发集求职、招聘、就业指导、就业状况监测和自动化办公于一体的全方位大学生公共就业信息服务平台。在签约管理方面，制定毕业生就业工作细则，优化工作流程，实现大学生就业的“一站式”服务。大学生就业管理的服务性特征就是通过不断增强工作人员的服务意识，把学生和用人单位当作客户，全力以赴地为学生和用人单位提供全方位、全过程的优质就业服务。

二、高校学生就业管理的意义

自我国高校扩招以来，高校毕业生人数逐年增多，大学生就业压力日趋加大，高校毕业生就业已经成为一个社会热点和难点问题。党的二十大明确提出了积极做好高校毕业生就业工作的要求，体现了党中央对高校毕业生就业工作的高度重视和对广大毕业生的亲切关怀。就业管理是高校毕业生就业工作中的核心部分，也是事关每一个毕业生能否顺利就业、体现党和政府对毕业生关怀的重要环节。因此，做好大学生就业管理工作对经济建设、和谐社会的构建、高等教育改革、大学生自身的发展都具有重要意义。

大学生就业管理也是新的历史阶段高等教育改革和可持续健康发展的重要内容。高等教育的根本任务是培养人才，就是培养国家经济建设和社会发展需要的高素质人才。人才培养质量的好坏直接体现在毕业生就业状况上。而教育质量的高低，培养出来的人才能否被社会接受和认可，直接影响着学校的生存与发展。

近年来，高校启动和推动了以社会需求为导向的高等教育改革，通过大学生就业管理的各个环节对用人单位的岗位需求、毕业生的就业状况、就业满意度情况、用人单位使用情况等就业信息进行科学统计、综合整理和系统分析，主动研究社会需求和就业形势变化，以市场为导向，及时转变办学指导思想，大力调整学科专业结构，向社会输送“进来就用”的实用型、高素质人才。在一些高校还出现了各种类型的校企合作、工学结合、订单培养、岗前预就业等新型人才培养模式，紧密结合产业发展需求，及时调整专业设置，全面培养高校大学生的实践能力、就业能力、创新能力和创业能力，提高办学效益和人才培养质量。因此，大学生就业管理在高校改革和可持续发展中占有重要地位，发挥重要作用。

做好大学生就业管理工作是高校毕业生实现顺利就业、建设和谐社会的重要保障。现代社会，就业不仅是人类谋求生计的手段，更是实现自我价值、获得社会认可的主要途径。大学生的就业管理对其职业生涯发展将产生重要影响。

第一，个性化就业指导可以帮助大学生更清晰地规划自己的职业生涯，进一步拓宽自己的思路，增强大学生学习的目的性和自觉性。

第二，就业信息的搜索与发布，能够有效地帮助毕业生冲出闭塞的就业信息孤岛，获得丰富的、针对性强、准确性高、成功率大的就业信息和就业机会，在双向选择的就业市场环境中取得主动权。

第三，就业信息的分析和研究帮助毕业生认清就业形势，尽快找准自己的位置，做到知己知彼，为就业决策提供依据。

第四，就业过程的规范与约束为毕业生就业创造良好的就业环境，确保大学生就业过程的顺畅有序，并保障毕业生的合法权益。此外，科学高效的大学生就业管理，能够在大学生就业过程中起到舒缓压力、放松心情的作用，能够向毕业生传递学校、政府乃至全社会对他们的理解、尊重和关爱，进而提高他们的自信心、改善他们的精神面貌，提高他们对党和政府的认可程度。

三、高校学生就业管理的基本原则

高校学生就业管理的原则是在高校学生就业管理过程中必须遵循的基本准则。讲究原则是高校学生就业管理得以顺利进行的保障，是大学生就业管理的出发点和落脚点，它直接影响到大学生就业管理工作的实际效果。新形势下，高校学生就业管理主要包括以学生为中心、以市场为导向、以服务为取向、以育人为目标等基本原则。

（一）以学生为中心原则

就业管理以学生为中心，就是要把学生作为就业管理工作的主体，在就业管理工作中切实尊重学生的主体需求，把握学生的主体特点。尊重学生的主体需求主要包括尊重他们的人格、尊重他们学习的兴趣、尊重他们身心发展的规律、尊重他们成长成才的需要。把握学生的主体特点体现在工作中，就是要深入地了解学生的实际状况，尊重学生的主体性、差异性、独特性，以学生成长成才为中心，区分不同类型、不同层次学生的特点和需求，有针对性地开展就业管理工作。在实际工作中，要坚持以学生为中心，把学生当成客户，提供一流的、高效的就业指导与服务。

学生是学校一切工作的中心。以学生为中心既是学校管理工作的基本要求，又是学生培养工作的基本要求；既是教育规律的体现，又是就业工作服务之所在。

首先，坚持以学生为中心的原则，在学校就业工作体制、就业工作队伍建设、就业制度制定等方面充分考虑学生的需求与利益。从有利于促进学生就业的角度出发，推动多方联动，最大限度地促进学生有效就业。在实践中，积极探索导师负责制、院长负责制、院校双向互动、招生培养、就业联动等多种模式，多角度，多维度，多管齐下，为学生就业拓宽渠道。

要想为学生提供更好的就业服务，需要一支高素质的就业队伍，不但要熟练掌握常规的就业工作规程，更要研究学生成长成才的规律，研究学生就业中出现的问题，研究市场变化规律，研究学生就业心理，成为就业领域内的专家，打造专家化、学者型的就业工作队伍，实现以学生为中心的就业管理。此外，还要不断加强制度建设，使就业工作制度化、规范化。在制定就业制度的过程中，要充分做到以学生为中心，充分尊重和肯定学生的主体作用，充分信任学生，充分激发学生的能动性和创造性。

其次，坚持以学生为中心的原则，从就业信息、就业指导、就业市场开发等环节为学生提供个性化、人本化的就业服务。要紧密围绕学生的需求，运用各种先进手段和现代化的技术，及时向学生提供有利于其顺利就业的各种信息，如开设学校就业网站、构建手机短信就业信息平台等。要努力探索针对不同学生的个性化信息服务，使学生能够在最短时间内最大限度地获取自己所需的就业服务信息，以促进学生有效就业。

就业指导工作是一项系统工程，它涉及专业设置、教学模式、日常教育、课外活动及学生管理模式等诸多方面。以学生为中心开展就业指导服务，需要做到以下三点：第一，充分了解学生的情况，根据学生的个性特点，指导学生树立职业理想，制定适合自己的大学全程发展规划，为个人职业发展规划打下基础；第二，通过职业测评等辅助工具，让学生更好地认识自己的性格特点和优势所在，找到适合的岗位；第三，针对就业弱势群体，进行“一对一”的个性化指导，要帮助其找到不足之处，并提供解决方案，提升其就业竞争力。通过以上步骤，可以使学生进一步拓宽自己的思路，更清晰地规划自己的职业生涯，促进学生了解个人的工作动机、适应性以及工作目标，逐步形成适合本人的就业目标，增强适应市场的能力。

从学生的需要出发，把用人单位请到校园里来，组织校园招聘会，努力把学生的就业问题解决在校园里，这既节约了学生的求职成本，又在一定程度上保证学生安全就业。校园招聘会是学生就业市场的主要组织形式，而就业市场的开发是校园招聘会顺利举办的前提。学生作为就业市场的主体，有其自主意识，所以在制订市场组织方案时也应坚持以学生为中心，根据学生的就业意向，在开发就业市场前，对全国市场进行科学的分析和规划，着重开发学生重点关注的地区与单位，从而使市场组织更有效、供需双方对接更顺畅，做到有的放矢。

最后，坚持以学生为中心的原则，把学生利益放在首位，把就业工作做成关爱工程。就业管理工作必须将学生既当作培养教育的对象又看作服务的对象，既要严格要求又要关心帮助，想学生之所想，急学生之所急，从大处着眼，从小处着手，切实将以学生为中心的原则落到实处。多站在学生的角度换位思考——如果我是学生，我需要什么样的服务；如果学生是我的弟弟、妹妹，我会提供什么样的服务。把“一切为了学生，为了一切学生”当作一种承诺，并渗透到就业管理工作的方方面面。

（二）以市场为导向原则

以市场为导向的管理模式是一种以市场为导向、以市场需求与供给为核心内容、将市场反应与市场变化纳入管理系统中的管理模式。

大学生就业管理坚持以市场为导向的原则，是指大学生就业管理工作遵循市场经济规律，加强就业市场建设，借鉴市场经济工作方式和理念，尊重学生与用人单位的主体要求，注重营销与服务，完善就业工作体制、机制和工作模式。

大学生就业管理坚持以市场为导向的原则，是由高校毕业生就业体制变化决定的。20世纪90年代中后期，中国高校毕业生就业体制经历了重大变革，即从“统包统分、包当干部”转变成目前的“市场导向、政府调控、学校推荐、学生与用人单位双向选择”。在高校就业体制改革前的计划体制时期，国家对毕业生包分配，所有合格毕业生都可以取得国家干部身份，与之相应的大学生就业管理工作基本内容就是审查毕业资格、制订就业计划、派遣、改派等管理性工作。但是随着就业体制的市场化改革，单纯管理型的就业工作模式已经过时，已满足不了市场对大学生就业管理的需求。也就是说，大学生就业管理工作要从“小管理”走向“大管理”，来满足对两个主体即以学生为主体和以用人单位为主体的需求。而对于满足两个主体的需求，市场是最好的平台，能够更好地配置资源，它将学生与用人单位进行有效的对接。

因此，大学生就业管理必然走向坚持以市场为导向，体现市场的内在需求。大学生就业管理工作以市场为导向，集中体现在以下三个方面。

首先，以市场为导向要完善大学生就业管理工作的体制和机制。计划经济体制时期，大学生就业管理工作是完成国家分配的计划任务。如今的市场经济体制时期，大学生就业管理工作要与市场紧密相连，要实时进行市场调研，切实摸清市场的需求，并充分反映到学校教育教学过程中。因此，要设立专门的市场建设、信息服务、就业指导、就业管理等满足学生和用人单位需要的服务机构，配备层次高、结构好的专业化大学生就业管理工作队伍。

其次，以市场为导向要调整大学生就业管理工作的职能和内容。计划经济时期，大学生就业管理工作内容较为单一，在工作职能上，体现更多的是管理。在当前的市场经济时期，大学生就业管理工作只进行简单的行政职能上的管理，满足不了两个主体的需要。因此，要以市场为导向调整工作职能和工作内容，由传统的、单纯的就业行政管理转向市场建设、信息服务、咨询指导、就业管理并重。

最后，以市场为导向要调整大学生就业管理工作的理念和方式。市场条件下的大学生就业管理工作，要求顺应时代潮流，转变传统的就业工作理念，树立企业的营销理念，将学生、家长和用人单位视为顾客，最大限度满足三类顾客的需求。在工作方式上，由过去单一的管理向教育、管理、服务并重转型。以双效为原则，改进就业工作服务。即，一方面要重效率，也就是要在尽可能短的时间内，让尽可能多的学生接受尽可能全面的指导服务；另一方面要重效益，也就是要让学生得到的指导服务是正确的、必要的、管用的。

（三）以服务为取向原则

以服务为取向的原则是指以就业服务为主要内容和价值取向开展大学生就业管理工作，即在就业管理工作中，就业工作相关人员需要不断强化自身的服务意识，丰富服务内涵，时刻把有利于提升学生就业能力、为学生就业提供帮助作为自身工作的出发点和归宿，充分发挥“尽我所能、想您所想”的工作理念，在服务方法上与时俱进，提升就业服务的专业化水平，最终提高大学生的就业质量。坚持以服务为取向的原则是就业体制改革后毕业生实现就业的迫切需求。自 20 世纪 80 年代以来，中国高校就业市场经历了由计划分配向市场配置、卖方市场向买方市场、有形市场向无形市场的三次重大转变。面对巨大的市场变革，毕业生在就业问题上面临着前所未有的困惑与茫然，其对高校就业指导以及就业服务的需求也达到了有史以来的最高峰。

坚持以服务为取向的原则是高校就业工作理念转变的必然要求。近年来，高校的就业工作由原来单纯的行政工作转变为现在的指导与服务于学生，工作理念发生了巨大的转变。高校要做好大学生就业管理工作，就必须不断强化自身以学生为本的服务意识。遵循以服务为取向的原则，应重点关注以下五点。

第一，帮助学生明确职业定位，提供就业导航服务。明确职业定位是成功就业的前提，也是就业服务首要解决的问题。就业导航服务是就业指导教师充分利用各种有效工具指导学生在兴趣、能力、价值观等方面进行科学的评估分析，帮助他们认真分析学业完成的情况，建立毕业生就业档案，为他们明确职业定位提供导向服务。对那些有一技之长的学生，教师可以鼓励他们根据自己的特长选择职业；对于那些无明显特长而又急于工作的学生，可以引导他们根据社会需要选择职业，逐步实现人生价值。另外，在就业导航服务中要充分遵循“以学生需求为第一”的原则，防止将自身的主观想法强加给学生。

第二，充分挖掘市场资源，开展就业信息服务。掌握有效、对称的就业信息资源，是学生实现成功就业的基础，开展就业信息服务也就成为就业服务中的重要环节。开展就业信息服务是指认真了解就业市场的供求状况，多渠道挖掘就业信息，努力拓展学生的就业空间，并将这些就业资源进行系统整合，有针对性地提供给需要的学生。一方面，建立就业服务互动机制，任命信息联络员，在学校就业指导服务中心与学生之间建立顺畅沟通的渠道，充分利用学校提供的就业资源，同时，动态掌握毕业生的就业服务需求。另一方面，努力调动学生自身的主观能动性，以毕业生暑期实践、外出寻找工作为依托，鼓励学生主动收集信息，实现资源共享。此外，还可以成立学生就业信息搜集小组，发挥网络资源优势，建立就业信息资料库。

第三，努力提高学生的就业能力，提供人才培养服务。提高学生的就业能力是使学生把握并获得就业机会，在职业中获得竞争优势的核心。人才培养服务主要指在学生的整个大学生涯过程中，创造各种环境，全面提高学生的就业能力。第一阶段，鼓励学生积极参与社团活动、勤工助学等实践活动，培养团体合作精神、提高人际交往能力、积累社会经验、提高自身的职业生涯适应能力。第二阶段，鼓励学生进一步思考就业的深层次问题，利用网络资源以及学校和其他渠道的“双选会”，关注最新就业信息，多渠道进行实习、见习，明确用人单位需要什么样的人才，自己适合什么样的工作，提高就业竞争力。第三阶段，在学生求职择业的关键时期，鼓励学生把握各种就业机会，通过各种途径积极应聘，聘请专业领域内的就业形势专家开展模拟求职、指导撰写简历和求职信，帮助学生提高求职、面试技巧，确定恰当的择业岗位，合理地调整就业期望值，从而在将来所从事的岗位上实现自身的人生价值。

第四，规范就业过程管理，提供业务支持服务。规范就业过程管理，对保障大学生的合法权益、简化就业过程的烦琐程序，保证学生实现顺利就业有着积极的作用。学生的业务支持服务主要包括指导学生了解国家就业政策、明确就业过程中的权利和义务、指导就业手续的办理流程、了解与职业生涯息息相关的就业协议和劳动合同等。在进行这些行政性的就业管理过程中，就业指导教师需时刻牢记“一切为了学生，为了一切学生”的工作原则，简化就业管理过程，指导学生平稳顺利地进入工作岗位。

第五，关注毕业生职后状况，做好就业管理工作的“售后服务”。毕业生走上工作岗位后，就如同工厂销售的商品一样，其质量及其售后服务的优劣直接影响着高校的社会信誉。毕业生的“售后服务”主要是指关注毕业生在走向工作岗位以后的职业发展情况，做好毕业生的职后教育工作，结合市场需求及时调整人才培养模式。高校需要与毕业生及用人单位保持长期的联系，开展毕业生质量及就业满意度等调查工作，掌握毕业生在离校后的职业发展状况，积极听取用人单位对毕业生培养的意见和建议，动态把握市场的需求，不断改进教育教学方法。

（四）以育人为目标原则

坚持以育人为目标的原则，是指大学生就业管理要坚持“以育人为本”，要将育人贯穿于大学生就业管理的每一环节，通过育人与管理相结合，促进大学生全面发展。坚持以育人为目标的原则，是由大学生就业管理的本质属性所决定的，是由大学生就业管理所承载的职责所决定的，也是西方发达国家就业管理的成功经验和世界大学生就业管理的发展趋势。大学生就业管理坚持以育人为目标，应力求做到以下三点。

第一，大学生就业管理要立足和定位于大学生的生涯发展，体现帮助大学生实现职业理想的终极关怀。大学生的就业是与其学业、职业、事业和人生目标相关联的统一体。大学生就业管理，既要促使大学生顺利就业，更要促进大学生学业进步、职业发展和事业成功，促进大学生学业、就业、职业、事业四者的协调统一，建立以学业为基础，以就业为导向，以职业为载体，以事业为目标的大学生就业管理模式。

第二，要把培养和育人贯穿在大学生就业管理的各个环节。大学生就业管理是一个包括综合素质提升、职业生涯规划、政策制度指导、职业心理辅导、求职技巧培训、择业决策咨询、需求信息提供、就业环节帮助八项功能的运行系统。以育人为目标就是要在对大学生的就业教育、管理、咨询、指导与服务中，始终考虑如何有利于学生的全面发展，如何有利于学生的成长成才，如何有利于实现学生的职业理想和人生目标。

第三，要强化大学生就业管理的思想政治育人功能。随着大学生思想状况的变化和社会人才标准的转变，大学生就业指导的重点也应由传统的技能指导转向对大学生进行世界观、人生观、价值观和职业道德的教育，也就是要突出它的思想政治育人功能。一是要以理想信念教育为核心，对大学生深入进行树立正确的世界观、人生观、价值观的教育。针对少数学生在择业时过分强调自我，不顾国家需要和集体利益的情况，加以正确的引导，使大学生形成正确的择业观，自觉地把个人前途和祖国命运联系在一起，把实现个人价值同服务祖国统一起来，最终实现自己的人生理想。二是要通过创业教育培养学生的责任感、自主性，培养学生的创业意识和企业家精神。三是要加强大学生的诚信教育。诚信是社会对人才的基本要求，是市场经济条件下大学生必备的思想品质。加强诚信教育是大学生顺利就业、成长成才的保障，是高校义不容辞的责任。

第二节　高校学生就业管理的创新性思路

一、我国大学生就业指导的现状

近些年来，关于大学生的就业指导，我国不断借鉴西方发达国家的一些先进经验，再结合自身的国情，不断探索新的指导理论与教学方式，如展开就业思想教育、增设职业生涯规划课程等，但在探索实施过程当中仍存在某些不足之处。只有认清自身问题，才可以更有针对性地解决问题。

（一）高校就业指导工作存在“季节性”

目前，各大院校基本将就业指导课程作为教学的一个重要环节，但教学安排仅仅体现在高校课程的最后一个学期。在高校教育的整个大环境之下，每位学生都应当有明确的自我认识与人生目标，这一重要理念的形成与院校自身的积极引导具有直接的关系。在培养学生思想价值观念方面，思想政治教育课程的开设是一个重要的指引。另外，在学生树立人生目标方面，就业指导课程应该起到关键性作用。但在高校的前期阶段，学生并不能接触到关于就业方面的指导，所以，很多学生每当提及将来的目标时，会深感迷惘，即使一些有目标的学生，可能也会存在过于理想化的问题。由于没有全面、理性的指导，他们很难认识自我、发现问题，也不能及时调整思路，这在将来的择业或创业当中可能会走不必要的弯路。

（二）高校就业指导工作缺少针对性

不少院校开展就业指导工作的目的，就是能更好地让学生顺利地找到工作。但就业指导教师可能更多地根据自己的就业经验来指导教学，其中忽略了一个很重要的问题，那就是不同的时代会有不同的要求，不同的企业也会面临不同的状况。尤其是现在临近毕业的大学生，他们对事物可能会有自身的认识。所以，无论是就业指导教师，还是如今的企业，都有必要与时俱进，针对不同学生的需求，充分注重学生的想法，而不是让他们一味地工作。在就业指导过程中，也有必要重视学生的创业想法，以创业带动就业也是目前国家大力提倡的。

（三）高校就业指导工作专业化不足

目前，部分高校在就业指导工作上还不够系统化，一般都集中在信息的发布、政策的宣讲与执行上，在实践过程上，也只是通过简单的招聘会来实现小部分学生的就业，且对最终的就业状况并没有细致的统计与调查研究。在这方面，高校可以借鉴国外的一些经验。在就业指导方面，他们更体现个性化与就业服务的专业化，会开设专门的指导就业小组，任何一个学生如有就业问题都可前来咨询。专业化的教师会根据学生的不同情况进行针对性的讲解，为学生解除就业困惑。

二、新媒体时代下，高校学生就业管理的创新性思路

新媒体的概念主要是相对于报纸、广播、电视等传统媒体而言的，其主要传播形态是利用数字和网络技术，以计算机和手机等为接收终端，为受众提供更新快速、传播广泛，并能实时互动的全方位、多角度的信息服务。新媒体的快速普及，不但为高校的教学育人工作提出了更新的要求与挑战，且新媒体这一技术也为高校的教学与就业指导工作提供了更多的创新性思路。从无线广播、有声电视到今天的手机电视、微博、微信，短短几年，新媒体就以层出不穷的形式与多元化的优势占据了媒体的大部分市场，不断影响着大众的生活习惯与思维方式。不管是了解相关资讯，还是网络购物、银行转账等，都能通过新媒体得以快速实现，这也使得受众对新媒体的依赖性逐渐增强。

在今天，以互联网、手机终端为主要介质的新媒体已经成为大众普遍使用的工具。在高校就业指导中，不妨利用互联网等新媒体展开教学，使教学内容更为生动、全面，传播范围也更广。

（一）宣传与引导社会正能量

面对当前严峻的就业形势，国家的宏观调控必不可少，针对不同的就业群体与行业，要采取积极的措施使大学生形成正确的就业观念，大力展开就业指导工作。另外，社会的正确引导作用同样不可忽视，可以以“就业难”为主题，拍摄优秀的公益宣传片或是宣扬一些优秀学生的就业事迹等，以此来传播社会正能量，引导当代大学生形成正确的就业观念。

2013 年，由人力资源和社会保障部组织制作的关于国家促进高校毕业生就业政策措施的宣传片《路在脚下》，就起到了很好的宣传典范作用。该宣传片包括就业政策篇与就业服务篇两大部分：就业政策篇从高校毕业生到企业就业、自主创业、基层就业、灵活就业、就业见习、职业技能培训等多个方面阐释了国家的相关政策规定；就业服务篇分为高校毕业生离校前和离校后两个阶段，介绍了毕业生能享受的公共就业和人才服务，重点结合离校未就业高校毕业生就业促进计划，从实名登记、职业指导、就业信息、创业服务、就业帮扶、就业见习、职业培训、代理服务、权益维护等方面，阐释了各级公共就业人才服务机构对离校未就业毕业生采取的一系列服务措施，确保离校后服务不断线。

（二）建立群组、社区等虚拟就业平台

在传统的教育教学模式中，教师一对多的讲台教学不免显得死板枯燥，难以引起台下学生的兴趣。在此种情况下，可以利用新媒体延伸学生的就业指导，如以微博、微信、主题论坛、虚拟社区等为传播介质，以院校或班级为单位建立群组、社区等虚拟就业平台。其中，教师可作为管理员与信息传播者，也可选出特定的学习委员对新媒体平台进行适时维护，以保证阻断不良信息的传入与影响。在此平台上，教师可以突破教学时间与空间的局限，展开一对一、零距离的辅导教学。教师和学生也可以随时随地将就业困惑发到平台上，在线的其他人可以此为主题展开讨论，人多自然想法多，多人的提示定会解一时之惑。在此平台上，学生学习的形式也更加多样化，教师所传播的内容可以是文字、图片或视频等。

（三）实地演练与指导就业

在课堂上，学生接触到的多是理论知识，包括就业课程的指导，但理论与实践毕竟会存在一定的差距。如在就业的过程中，难免会遇到一系列的问题，如薪资待遇的不平等、同事间的恶性竞争、领导的不理解等。在课堂上，面对这些问题，教师可能会一带而过，或是告诉学生要守规则、讲原则，时刻都要以一个学

习者的态度来接受别人的意见。这样的理论说来简单，可真正实行起来却并非易事。关于此类问题，高校有必要进行实地演练。

（四）多样化创新网络就业途径

在过去，大学生找工作更依赖于电视、报纸等传统媒体，随着新媒体的出现，目前大部分学生将找工作的途径对准了网络。近些年来，招聘网站也在迅速建立与完善，这些网站也为学生提供了更多的工作途径。以此为契机，各大院校也可以参照此种模式建立属于自己的招聘网站，搭建起学生与企业间的桥梁。院校建立的网站相对而言会更具针对性，主要针对本院校学生而设置，企业在选择人才的时候也会更具体，对专业的要求也会更明确，避免了学生与企业双方的盲目性。

随着社会就业压力的不断加大，各大求职就业网站也在不断创新，力求为求职者提供良好的寻找工作的平台，帮助企业找到准确、适合的目标候选人，为国家缓解就业压力。

第三节　高校学生电子就业管理模式的构建

做好以高校毕业生为重点的青年就业工作要求我们以市场为导向，创新就业管理手段，提高就业管理效能，促进高校毕业生充分就业、高质量就业。其中的一个重要环节就是充分利用网络信息技术，实现传统就业管理模式向电子就业管理模式的转变。

电子就业管理模式旨在应用现代网络通信技术和电子信息技术，以电子就业协议书为基础，全面支持面向就业过程的协同管理，以支持构建就业管理（服务）网络体系，服务于政府就业管理各部门、高校、用人单位和高校毕业生的就业管理模式，解决信息共享、有效对接等问题，实现全过程就业电子化管理。

一、电子就业管理模型解读

电子就业管理模型是在就业政策体系和技术体系的支撑下，适应于电子就业管理网络体系，对以电子（介质）就业协议书、报到证为管理基础的就业全过程进行管理。电子就业管理主体从传统的政府部门和高校延伸到政府部门、高校、毕业生、用人单位以及一些中介机构。政府部门能够克服条块分割、独立操作的就业管理带来的弊端，实现分工明确、共享资源的就业协同管理。毕业生和用人单位能够实现求职招聘的自主式管理，大大减轻高校就业管理工作的压力，可使高校把主要精力放在提高毕业生的就业能力上。中介机构的参与则提高了政府对市场监管的工作能力。电子就业管理贯穿就业全过程，一般可分为三个阶段：就业前期管理、就业中期管理和就业后期管理。

（一）就业前期管理

就业前期管理也可称为生源信息与签约前管理，主要涉及政府和高校的就业指导信息服务，企业的招聘信息服务，毕业生的面试、推荐、简历信息服务等。具体包括毕业生生源管理、用人单位管理、求职招聘服务管理等。通过统一的公共信息服务平台实现生源信息审核认证和用人单位信息审核认证，保障生源信息和用人单位身份信息的正确性、可信性和可靠性，实现毕业生求职、用人单位招聘、高校就业推荐和政府部门就业政策发布和引导，改变就业信息不对称的状况，促进就业信息的快速传递和有效对接，实现充分就业和高质量就业。

（二）就业中期管理

就业中期管理也称电子就业协议签约管理，主要涉及电子就业协议签约管理、电子就业协议变更管理、电子就业协议审核认证和电子就业协议归档管理。主要是依靠电子就业协议签约平台，实现毕业生和用人单位的就业签约、主管部门和高校就业部门的就业鉴证。电子就业协议具有纸质就业协议书同等的作用，是用人单位接收的依据，是高校和教育行政部门就业派遣的依据，是人事部门接收毕业生办理就业手续的依据。电子就业签约平台是实现电子就业管理的核心。

（三）就业后期管理

就业后期管理主要包括就业报到管理和就业监测管理。就业报到管理包括高校和教育行政部门的就业管理（电子报到证的生成打印、高校就业方案生成）、高校档案迁移管理、人事部门的档案接收管理、报到落户管理等。就业监测管理主要包括对毕业生生源变动的监测、对违约解约的监测以及对就业状况的监测，实现对就业全过程的监测。可以通过监测和反馈历年毕业生就业的供需情况，调控指导招生计划，优化专业结构，提高教学质量。

二、就业协议电子化

就业协议电子化是管理手段电子化的重要内容，是传统就业管理模式向电子就业管理模式转换的基础，是将纸质就业协议书转化为电子就业协议书（广义协议书）以适应高校毕业生多种就业形式的动态管理和有效管理。就业协议电子化需要遵从电子就业协议的设计原则，并实现电子就业协议书的分类管理与格式设计。

（一）电子就业协议的设计原则

1. 安全可靠性原则

主体身份具有认证性和不可否认性。认证性体现在电子就业协议书上的三方不能伪造学生、高校、企业或政府的身份。不可否认性体现在电子就业协议主体必须对自己的合法行为负责，不能也无法事后否认。

2. 真实可信性原则

电子就业协议书中的数据必须真实可信。当用人单位使用电子就业协议书对毕业生发出邀约和应约的时候，其相关信息必须真实可信；当毕业生使用电子就业协议书对用人单位发出邀约和应约的时候，学生相关信息必须真实可靠。通过信息审核认证机制和系统自动审核监控机制可以保障就业信息的真实可靠。

3. 易于管理原则

电子就业协议书有很多种类，毕业生可以选择相应的电子就业协议书进行签约，适应多种就业形式的就业管理。

4. 数据易于统计原则

使用电子就业协议书，可以有效地减少信息不对称现象，使毕业生、高校、企业和政府之间的数据流通更为快捷和方便，有利于相关职能部门的统计监测（如高校、上级主管部门），能够及时获得第一手数据，并实施有效的预警和控制，从而进一步指导未来的毕业生就业工作。

（二）电子就业协议书的分类管理与格式设计

相对于传统的纸质就业协议书，电子就业协议书的分类管理与格式设计可以更加灵活（易于修改、易于扩充），使其适用于现在或者未来的多种就业形式管理的需要。

1. 正式电子就业协议书

正式电子就业协议书，与国家统一的就业协议书格式要求相对应，是最典型的电子就业协议书。它明确了毕业生、用人单位、毕业生所在学校和用人单位主管部门四方在毕业生就业工作中的权利和义务。学校将根据协议书的内容开具毕业生就业报到证和户口迁移证，同时转递学生档案。

2. 应聘电子就业协议书

应聘电子就业协议书是以协商、协议的形式来明确毕业生与用人单位之间的权利和义务的电子就业协议书，反映的就业形式不与户口、档案等挂钩。设计应聘电子就业协议书重点考虑的是毕业生就业去向信息。

3. 灵活就业电子协议书

灵活就业是指在劳动时间、收入报酬、工作场所、保险福利、劳动关系等方面不同于建立在工业化和现代工厂制度基础上的传统主流就业方式的各种就业形式的总称。目前灵活就业的形式主要有劳务派遣行业、微型生产性企业、社区服务业、独立服务者等。灵活就业电子协议书主要用于灵活就业形式的就业类型。

4. 其他特殊就业电子协议书

高校毕业生除正式就业外，还存在诸如出国留学、继续深造等特殊就业形式。针对此类就业形式，电子就业协议书格式相对简单，能够明确反映毕业生的就业去向即可。

（三）信息审核与认证

要想确保电子就业协议信息的真实可靠，就需要建立电子就业信息审核与认证机制，确保就业管理主体和管理对象身份信息的真实可靠。一般来说，信息审核方式分为人工审核和计算机审核。人工审核主要用于非结构和半结构化的信息数据的审核，计算机审核主要是对结构化的数据进行审核。电子就业信息审核既要依靠人工审核，也要采用计算机自动审核，从而简化信息审核过程，保证信息审核的质量。

（四）电子就业协议签约与动态监测管理

1. 电子就业签约方式

电子就业协议签约方式大致可以分为学生主导式签约方式和用人单位主导式签约方式。所谓学生主导式签约方式，主要是指在前期应聘、面试，双方达成意向的基础上，由学生向用人单位发出电子就业协议邀约请求，用人单位对学生发出的电子就业协议书进行应约操作，同时由高校和人事部门进行审核确认，从而完成电子就业协议签约的流程。这种签约方式能较好地处理其他特定的就业形式签约。如学生自主创业形式的“签约”流程是：学生选择自主创业就业类型（协议书）发出邀约请求，应约方可以设定为高校或由高校审核认定的专门中介机构，“应约方”对学生发出的电子就业协议书进行应约操作，即可完成签约过程。所谓用人单位主导式签约方式，是指由用人单位向学生发出电子就业协议的邀约请求，学生对用人单位的电子就业协议书进行应约操作，同时由高校和人事部门进行审核确认，从而完成电子就业协议签约的流程。

2. 就业调控管理

在传统就业管理模式中，就业协议书由学校统一发放，每位学生一份。但是由于就业协议书在管理上有漏洞，存在学生违约（一人多签）和“被就业”现象，并且难以监测。因此提出了一种基于网络的就业协议签约管理控制方法，能够实现有效的网上签约管理。其基本原理是将毕业生就业去向描述为具有统一编码的一组就业协议，设置协议优先级等操作规则，实现协议签约、协议变更过程以及不同种类协议的状态转换，对于每一个操作步骤均需要记录操作人、操作类型、操作时间等，以达到整个就业过程的跟踪。要保证毕业生只有一种签约状态，控制毕业生签约的唯一性和就业去向的唯一性。

3. 基于电子印章的电子协议审核确认

在传统就业管理模式中，就业协议书是否有效，主要看签约各方是否签字盖章，毕业生往往花费很多时间办理签字盖章。在电子就业管理模式中，可以用电子印章来审核确认电子就业协议的有效性。

三、电子就业管理信息平台的构建

电子就业管理信息平台是实施电子就业服务管理的基础，应当满足电子就业管理网络体系的要求，适应多用户管理，实现网络化价值，实现电子就业签约（网上签约）。要采用面向全过程就业管理的方法，实现全过程就业管理办公自动化与就业状况动态（实时）监测，运行信息审核与认证机制，确保就业信息真实可靠，并为毕业生提供就业信息公共服务。

电子就业管理信息平台主要包括三个子系统：公共信息服务平台、电子协议签约平台和就业统计监测平台。公共信息服务平台的基本功能包括毕业生生源信息审核认证管理、用人单位信息审核认证管理、求职招聘信息服务管理。电子协议签约平台实现电子协议签约与管理。就业统计监测平台包括电子报到证的生成打印、高校就业方案生成、高校档案迁移管理、人事部门的档案接收管理、报到落户管理、生源变动监测、违约解约监测和就业状况监测等。同时，电子就业管理信息系统平台的各子系统之间采用规范的数据接口实现互联，并通过数据接口与外部第三方系统进行数据共享与交换，从而使该平台具有极强的可扩展性。

电子就业管理模式以电子介质协议书和报到证为基础全面支持面向就业过程的协同管理，替代基于纸质协议的面向结果管理的传统就业管理模式，实现全过程就业电子化管理，实现了管理理念、管理手段和管理方法的创新，具有重大的现实意义和指导意义。采用电子就业协议书与协议网上签约，构建统一的电子就业管理信息平台，能够实现就业管理服务网上办公自动化，实现就业状况的动态（实时）监测，实现就业统计（如就业率）的自动计算，能够提供动态、准确的决策数据，及时掌握大学生的就业情况，提高就业管理效率和决策水平，提高科学决策能力。

第六章　高校学生管理工作的创新性探索

本章内容为高校学生管理工作的创新性探索，阐述了“互联网 +”时代高校学生管理工作创新发展、“微时代”背景下高校学生管理工作创新发展、大数据时代高校学生管理工作创新发展、高等教育大众化背景下高校学生管理工作创新发展。

第一节　“互联网 +”时代高校学生管理工作创新发展

随着互联网时代的不断深入，互联网实现了与传统行业的融合，形成了“互联网 +”新业态，对高校学生的学习生活与思想观念产生了巨大影响。从整体上看，对高校学生管理工作而言，“互联网 +”的发展与普及既是一种机遇，又是一种挑战，在对高校学生管理工作进行创新的同时，存在着不容忽视的问题。对“互联网 +”带来的机遇与挑战进行研究，有助于高校学生管理工作获得更好的发展。

一、“互联网 +”的含义

“互联网 +”是创新 2.0 下的互联网与传统行业融合发展的新形态、新业态，是知识社会创新 2.0 推动下的互联网形态演进及其催生的经济社会发展新形态。“互联网 +”属于一种全新的经济形态，也就是通过将互联网对生产要素配置的优化、集成作用充分发挥出来，使互联网的创新成果与社会各经济领域有深度的融合，提高实体经济的生产力与创新力，形成更为广泛的以互联网为实现工具与基础设施的全新的经济发展形态。“互联网 +”行动计划重点促进以云计算、物联网、大数据为代表的新一代信息技术与现代制造业、生产性服务业等的融合创新，发展壮大新兴业态，打造新的产业增长点，为产业智能化提供支撑，激发新的经济发展动力，促进国民经济提质增效。

（一）“互联网 +”的本质

从本质上看，“互联网 +”就是将互联网全方位、深层次地应用于传统产业，并对其进行优化与完善，而不是简单的在线化和数据化。传统产业互联网的应用可以解决现有市场机制下解决不了的问题，如解决信息不对称的问题、降低交易成本等；也可以通过改变生产流程，促进竞争力的提高。我国互联网在商业领域的应用已经处于世界领先水平，而互联网在工业领域的应用稍显滞后，从互联网商业到互联网工业，是从互联网应用到“互联网 +”的最好诠释。互联网及信息化正带来新一轮科技革命。中国当前正处在抓住和引领产业革命前沿的最佳机遇期，抓住这次机遇，对中国经济的长远发展和创新体制建设具有深远的意义。

（二）“互联网 +”的应用

互联网归根到底是一种工具，就像前几次技术革命中的蒸汽机、电一样，从产生就得到各行各业的广泛应用。从这个意义上来看，“互联网 +”是将大数据、云计算、移动互联网等的整套的信息技术应用于社会、生活、经济等各个方面的过程。如果只从互联网的应用方面理解“互联网 +”，有可能会让人感到困惑，即“互联网 +”既然是社会各个层面对互联网的应用，那么，随着市场竞争压力的逐渐增大，依靠互联网实现成本缩减几乎是必然的，在这种情况下，互联网的应用不是自然而然发生的吗？为什么各个国家都以不同的形式将类似于“互联网 +”的内容（如美国的工业互联网）列为国家级战略布局？核心在于互联网与哪些产业“相加”。

二、高校教学结合互联网的机遇和挑战

（一）融合互联网带来的机遇

当前，我国高等教育存在很多亟待解决的问题，而随着互联网的不断发展，高等教育有望更好地实现个性化、大众化、实用化、终身化。具体体现在以下四个方面。

①互联网的普及有助于实现学生的个性化教学，使学生在很大程度上能够根据自身实际情况进行学习。

②在互联网与传统教育的深度融合下，传统教育在空间、时间上的限制被打破，有助于高等教育大众化、终身化的实现。

③网络教学的新奇程度远高于传统教学，在吸引学生的同时，能够显著提升学生对学习的积极性、主动性。此外，互联网对教师教学内容的更新、教学方法

的改进、教学水平的提高都会产生助力作用。在这种情况下，“教”与“学”的有效性都得到充分发挥。

④在互联网的作用下，传统的“教师教导学生学习”的模式向“学生自主学习”发生转变，教师从以教授为主逐渐转变为以引导为主。

总而言之，通过互联网开展学生管理工作，能更好地适应社会不断变化的需求，同时受到学生管理工作的时代性、多样性与综合性等特征的影响。

（二）融合互联网带来的挑战

将互联网融入高校学生管理工作后，虽然学生管理工作总体呈现出积极的发展态势，但也为学生管理工作带来了巨大的挑战，主要体现在以下两个方面。

1. 高校学生的认知观念受到影响

从整体上看，互联网对学生的学习与发展的影响是积极的，通过对现代化技术的合理利用，使德育更加生动、具体地呈现在学生面前，提高了学生的接受能力，对学生价值观、政治观的培养以及政治理论的学习都有积极影响。但是，互联网也在一定程度上影响学生正确的价值观与政治观。

随着互联网的迅猛发展，高校学生的学习方式更加多样化，在社会大环境的影响下，他们的爱国热情高涨。但是，受社会阅历与经验的限制，高校学生对社会与国家的具体情况理解得并不深刻，对很多社会现象的认识相对片面，极易受西方文化的影响。

2. 高校学生的道德理念受到影响

提高高校学生的道德水平是高校学生管理工作的重要任务。随着对互联网应用的不断加深，在一定程度上促进了高校德育理论与实践的结合，同时使高校的法治观与道德观得到进一步健全，但是，也带来了一些问题。

①道德冷漠。比如，现今一些高校学生喜欢玩网络游戏，有些学生由于缺乏自制力沉迷其中，应有的人际交往随之减少，并逐渐漠视与他人的关系，导致幸福感知能力降低。

②社会责任意识弱化。在互联网中，逐渐形成了相对健全的虚拟社会，这给高校学生带来了更多的自由空间，但长时间处于互联网创造的虚拟社会后，会在一定程度上忽视现实生活的存在，并对自己的社会责任与社会定位产生迷惘，从而可能做出对现实社会有危害的事情。

③恋爱、婚姻网络化。随着互联网的不断发展，产生了虚拟的恋爱与婚姻，这对高校学生世界观、人生观、价值观的培养是不利的。

三、“互联网+”对高校管理的影响

（一）全面提高高校学生的媒介素养

1. 我国高校学生媒介素养教育的不足之处

（1）新媒体难以发挥“把关人”的作用

开展对高校学生的教育活动可以从很多方面进行，并不是只有在课堂中高校学生才能学到所需知识，通过新媒体，高校学生也能得到教育。新媒体中含有一种价值取向，无论是提供事件的思考方式，还是判断信息价值，都会潜移默化地对高校学生认识客观世界并做出相应的判断造成影响，甚至他们价值观的形成都是以此为基础的。在新媒体背景下，传播者与受众的定位越来越模糊，任何人都可以成为“把关人”，但并不是所有人都有相应的专业素养，这直接导致了信息的质量与真实性难以得到保证。此外，是否对新媒体进行把关，主要是观念与态度的问题，而不是能力的问题。为了获取更多流量以及受众，对网络信息的加工是以市场情况为标准的，而不是对信息本身有较高要求，使得一些信息不仅缺乏真实性，还充斥着俗气。新媒体难以发挥出“把关人”的作用，影响了公信力，使得一些高校学生过于注重物质享受，而忽视需要承担的责任，这是无益于高校学生的发展的。

（2）高校媒介素养教育不受重视

高校学生媒介素养的提高需要依靠高校教育，但是当前我国一些高校对媒介素养教育的重视程度较低，缺少相应的教学实践。

2. 对高校学生媒介素养的有效提升

（1）学校方面

第一，通过宣传媒介素养，营造良好的媒介教育氛围。媒介素养只有受到越来越多人的认可，才能更好地融入高校教育中。因此，高校应通过合理利用自身传播知识与文化的功能，加大宣传媒介素养的力度，将校园社团、广播、期刊、报纸、电视台等作为宣传媒介素养的舆论阵地。这些都是与高校学生的校园生活息息相关的，能够潜移默化地影响他们，使他们认清媒介素养的重要性。总体而言，大力宣传校园媒介素养，就要让校园充满关于媒介素养的舆论，通过对各种媒介手段与形式的合理利用，营造良好的媒介教育氛围。

第二，通过设立媒介素养教育课程，打造媒介素养教育团队。目前，我国媒介素养教育已经有了一定的理论基础，但想要在与本国国情相适应的情况下进行实践，还有很长的一段路要走。对高校学生而言，媒介素养既陌生，又熟悉，同时也缺乏对媒介素养教育的理性认知。高校通过充分利用自身优势，开设媒介素养教育课程，能够使高校学生媒介素养的问题得到科学、有效的解决。在课程设置上，高校可将理论结合实践，开设有助于高校学生提高媒介素养的课程。此外，高校可举办辩论会、讲座等相关活动，通过不同的形式更好地让高校学生树立良好的新媒体观念。

（2）媒介方面

第一，媒介要充分发挥“把关人”的作用，从而使自身的公信力得以提高。在信息生产与传播上，媒介应定位于“把关人”这一角色，尽量使高校学生不受传媒文化的消极影响。随着互联网时代的到来，信息滚滚涌入人们的视野，媒介是对这些信息的发布与传播具有掌握力的，因而应慎重选择。社会的发展需要人才的支撑，媒介理应充分发挥自身作用，让高校学生更好地认识社会，树立正确的价值观念。因此，新闻工作者应通过不断学习来提高相关的理论水平，并提高基本素养，同时应确保舆论导向的正确性，从而更好地对高校学生进行引导，让他们清楚哪些是真实的信息。此外，媒介从业者应坚守职业道德，不可因一时的利好而忘记自己需要肩负的社会责任。

第二，媒介与高校开展合作，为高校学生提供实践平台。只有媒介实践与媒介素养教育进行互动，才能让二者获得更好的发展。因此，大众媒介应融入高校，使高校学生获得更多实践的机会，将理论印证于实践中。例如，传媒联合高校发起校园新闻设计大赛，专业的传媒从业者进入校园指导高校学生，这些学生亲自全程参与从拍摄到加工，再到设计，最后在媒体平台上播出优秀的作品，不仅能让高校学生获得成就感，还能使他们获得一定的媒介知识。此外，高校可邀请记者、编辑、主持人等进入校园，通过与高校学生进行面对面的交流，显著提高他们对媒介的认知程度，逐渐消除对媒介的陌生感。如此，高校学生将成为媒介的理性消费者，而不会再被媒介的内容与形式左右。

（二）系统构建高校网络平台

1.在网络中打造高校特色

进入21世纪以来，互联网在我国得到迅猛发展，网络可以说是伴随现在的高校学生共同成长的，他们中虽然有些大学生会对网络有一定的沉迷，但大多数已经对网络产生一定的辨别能力。如果想通过网络吸引他们，就需要有丰富的内容、独特的形式。因此，在构建高校网络平台的过程中，应对内容简单、功能单一、形式传统等问题予以解决，从而在吸引学生的同时，使利用率得以有效提高。

此外，应通过不断完善高校网络平台的功能，使用户参与度得到提高，更好地融合校园文化，为高校的发展提供新动力。从上述可以得出，对高校而言，在构建网络平台的过程中，应充分利用具有较大影响力的媒介。

2. 在平台上优化校园网站

通过优化校园网站，高校能够在网络中更好地展示自我。在校园网站上，高校可开辟校园特色专栏。比如，河北农业大学的“太行之路网站”、重庆邮电大学的“红岩网校”等，这些专栏的核心主要是本校学科特色，并围绕特色文化、思想政治教育、科学技术、专业知识、就业引导等模块进行整合。校园网络如果设计良好、内容新颖、布局合理，不仅有助于社会关注度的提高，还具有吸引高校学生的作用，使他们产生归属感与荣誉感。

3. 在管理上完善制度

在网络中，高校学生是最主要的活跃群体，同时是主要的网络互动参与成员。因此，就怎样对网络评论进行引导、对网络舆情进行控制、对网络动态进行监管、对网络突发事件进行处理等问题，高校应建立相应的技术团队，从而对网络平台进行更好的维护、管理与利用。高校的各院系与部门都应提高对网络平台的认识，通过加大投入，对校园网络平台进行更好的开发。

以校园管理制度为基础，高校应将校园网络平台管理机制规范化，并有所创新，通过统一管理规章制度，明确管理者与参与者的责任与义务，良性引导高校学生树立正确的网络道德观念，从而井然有序地使用校园网络平台；将校园网络平台的各级管理体系统一起来，完善网络信息的反应机制，如监控、收集、干预等，以对校园网络平台的正常运行予以保护。

四、“互联网 +”时代高校学生管理工作的创新

（一）在网络中增强学生的法治与文明意识

目前，由于互联网迅猛发展，我国关于此方面的法律法规建设尚未健全，高校对网络文明的宣传教育力度有限，对学生网络法治意识的培养效果不佳，同时缺乏对学生在网络中的行为的正确指引，使得一些学生的网络文明意识相对淡薄，对网络法治的理解具有一定的局限性，导致学生会在网络中有不当的行为。作为学生网络文明与网络法治建设主要阵地的高校，网络法治文明系统建设尚有很大空间，良好的校园网络文化氛围有待形成。

对于这一现象，一方面，应坚持他律结合自律，主张学生群体树立互相监督

的意识，提高其在网络中的文明程度。同时，提高学生对网络文明与网络违法行为标准的认识，使学生在网络中的行为与现实差异不大，从而通过实际行动，更好地构建网络文明。另一方面，国家应以网络发展的新问题与新情况为依据，制定符合当前网络环境的法律法规，提高网络文明行为的标准以及加大对网络犯罪的打击力度。高校学生管理人员应通过开展文明上网教育、网络安全教育、网络普法教育对学生进行引导，在提高网络文明行为标准的同时，树立学生在网络中的自我保护意识，使学生能够主动思考相关的网络法律法规。

（二）将教育阵地扩充到网络中

开放性是网络典型的特征之一，随着互联网的发展，世界各国的联系越来越紧密，不同文化的剧烈冲突、不同意识形态的猛烈碰撞都是前所未有的。在这种大背景下，一些有其他用意的国家会通过网络平台将其意识形态渗透进我国，其他国家的政治制度、文化理念被大肆宣扬，甚至散播社会谣言，以图冲击我国的主流思想。在多元文化的冲击下，一些思想尚未成熟的高校学生会逐渐迷失自我，导致他们的价值观念出现偏差，容易产生拜金主义、极端个人主义等问题。

这时，高校学生管理工作人员需要承担更多的责任，他们应夺回网络高地，在校园网设立理论专区，在网络平台构建“红色网站”，为思想政治教育打下基础。同时，应对高校学生网络民意的表现保持高度的重视，通过对高校学生思想动态的密切掌握，及时回应高校学生关注的热点问题，将疏导工作做好。此外，应对高校学生经常参与的网络聊天室、网站、网上社区有所触及，通过积极沟通，及时了解高校学生的网络情绪。由于网络骨干活跃人员对普通民众的影响力是巨大的，在面对敏感话题时，应将骨干活跃人员团结起来，通过发挥他们的积极影响，使更多网友能够成熟、理性地对问题进行思考。

（三）将网络资源用于学生管理

目前，在高校学生管理工作中，网络资源与技术的应用尚处于初期阶段，在实际应用上有一定欠缺。只有以管理与服务的结合为基本原则，才能更好地开展网络学生管理工作。因此，一方面，应进一步拓宽学生的网上服务空间。比如，开展网上社团活动、网上就业信息咨询、网上心理咨询等，通过合理利用网络具有的优势，消除一些在现实操作中具有局限性的管理工作或服务，使高校学生管理工作得到新突破。另一方面，应提高校园网络的信息储备量。在校园网络中，不仅包括本校的规章制度、方针政策、常规信息，还包括本校学生经常使用的生活社交网络资源、学术网络资源等，使校园网络具有综合性特征，在方便学生学习的同时，提高校园网络的吸引力。

（四）掌握学生的思想动态

随着网络信息技术的飞速发展，高校学生管理产生了巨大改变，其方式与理念都有了新的要求，高校学生管理工作应正视这一现实环境的变化。对于在教育管理环境中出现的新问题，高校学生管理人员只有通过提高自身素质与应用现代网络技术的能力，将网络资源优势运用得当，才能更好地适应并解决这些新问题，从而提高高校学生管理工作的实效性与针对性。

高校学生管理人员应清楚抢占网络高地的重要性，建立独自的网络构架。受传统教育理念的影响，学生虽然懂得尊师重道，但也会对教师产生一定的畏惧心理，在面对教师时心扉难以完全敞开，学生自然不会表达真实的思想观念。而由于网络具有虚拟性、隐秘性的特征，学生在网络中与教师交流时会减少一定的顾忌。因此，当代大多数学生都喜欢在网络中表达自己的思想情感，将网络作为释放压力、缓解情绪的工具。当高校学生管理人员对网络的掌握程度较低时，是很难确切掌握学生的思想动态的，也难以发现问题，随着时间的推移，师生关系只会渐行渐远。因此，应对学生在网络上发布的信息保持一定的关注，适当地了解学生的想法，从而将消极思想消除于萌芽中。

第二节　“微时代”背景下高校学生管理工作创新发展

随着微媒体的不断发展，高校的日常管理、思想政治教育、教学管理等受到了严峻挑战，这就要求高校对微博、微信等保持高度的重视。在新形势的影响下，高校学生管理工作应紧跟时代的发展，通过出台新的措施，更好地与“微时代”相适应。同时，管理思想应符合时代潮流，通过采取全新的学生管理思想，实现“微”方向取代原有的学生管理工作方向。

一、“微时代”对高校学生管理工作的影响

随着“微时代”的到来，学生管理工作的各个方面都受到了不同程度的影响，如学生就业、心理健康、宿舍管理等。

对高校学生而言，微媒体平台是重要的就业信息源之一，网站发布、双选会

是他们最为主要的了解就业信息的传统渠道。目前，随着自媒体社交网络的日益壮大，高校学生创业就业信息发布、职业素质教育等又产生了相应的变化。通过对就业创业类的微信公众号或微博进行关注，浏览相关的微论述，高校学生的职业生涯规划与择业观念都受到了很大的影响。

虽然多数人对“微时代”的到来是表示肯定与支持的，但一些高校学生并不能很好地适应“微时代”，他们容易被大量的爆炸性信息所迷惑，逐渐失去对传统课堂学习的兴趣，甚至从心理上反感学习。

高校学生的宿舍生活因“微时代”而发生变化，高校学生的生活节奏同样如此。人际交流、一日三餐、手机充值等都能通过手机客户端实现，这在一定程度上增加了高校学生的惰性，除了上课基本不出宿舍。此外，通过微信、微博等微媒体，高校学生能够及时知道学校、院系、班级发生的事情，以及获取社会上大量的信息。

二、“微时代”背景下高校学生管理工作存在的问题

在“微时代”的影响下，高校越来越重视对“微工具”的使用与管理。但怎样充分发挥微媒体的作用，使学生管理工作得到更好的发展，这是需要高校进行不断实践的。下面从以下两点进行阐述。

第一，应进一步加强“微”队伍的建设。作为高校学生管理工作人员，系统、全面地学习并使用微信、微博等“微工具”，掌握“微语言”，通过不断提高“微素质”，将微媒体的积极导向作用在高校学生管理工作中充分发挥出来。

第二，应进一步挖掘“微载体”资源。通过利用传统的宣传手段，高校学生管理工作已经难以得到满足。对于高校学生先进典型案例，高校的储备相当丰富，可将社会主义核心价值观与这些先进案例相融合，用新颖的网络语言在微信公众平台、微博等“微载体”中呈现出来。

三、“微时代”背景下高校学生管理工作的创新

随着“微时代”的到来，高校学生管理工作迎来了新的机遇，但也要面对新的挑战，这时，对学生管理工作机制进行优化已是必然之势。在“微时代”中，高校学生管理工作可以从以下三个方面进行创新。

（一）建立“微体系”

在“微时代”的影响下，高校学生管理工作人员与高校学生都是不被孤立的

自媒体，他们是社交网络的重要组成部分。根据学生管理工作内容，针对心理健康、团学等方面的工作，可建立相应的“微体系”，从而发挥如下作用。

1. 有利于“上情下达，下情上传”

通过对班级与学生的微信、微博进行关注，学校可以对学生的动态有一定了解；通过对学校的官方微信、微博进行关注，学生能够及时获取学校各方面工作动态的相关信息。

2. 加快突发事件处理

通常情况下，在发生宿舍矛盾、兼职纠纷、交通事故等突发事件时，学生多数会在自媒体平台上“晒一晒”。通过对学生微信、微博等的关注，学校能够及时获取突发事件的相关信息，从而及时处理。

3. 促进师生情感交流

“微时代”背景下，师生面对面交流的次数与时间都有所减少，这种交流逐渐被QQ聊天、微信交谈、微博“互粉”取代。在“微体系”的作用下，师生之间的情感交流得到了加强。

（二）壮大“微力量”

由于人们对“微时代”的到来表示欢迎，“微体系”得到了不断完善，同时影响力越来越大。对于高校学生管理工作，想要提高“微影响力”，可以从两支“微力量”入手，即学生干部队伍与教师队伍。学生干部队伍包括社团联合会、学生会等学生组织的学生干部，同时，学生管理工作人员应建设一支纪律严明、作风硬朗的网络宣传队伍，对网络舆情进行定期研判，对学校官方信息进行积极传播，从而在网络上发挥思想引导作用。教师队伍包括班主任、科任教师、辅导员，以及学校宣传部、学生处等，这些教师应对个人“自媒体”或部门进行维护，通过传播正能量来树立学生积极健康的思想观念。

（三）打造“微素材”

通过不断充实、丰富“微素材”，有助于“微体系”的运作。对于高校学生管理工作，“微话题”“微故事”“微电影”是最为主要的“微素材”。比如：将反映社会主义核心价值观的学生故事编辑成“微话题”，然后投放到学校官方微信、微博中，使学生在观看后产生反思，实现思想政治教育的目的；将正能量的校园案例编辑成具有哲理的“微故事”，或拍摄成具有教育意义与感染力的“微电影”；等等。高校学生管理工作人员应组建一支以学生干部为主体的“微团队”，通过制作“微素材”，使“微时代”的发展要求得到满足。

第三节 大数据时代高校学生管理工作创新发展

大数据时代的到来引发了社会管理模式的改变，高校管理模式也需要随着社会的变化进行相应的调整。对高校学生管理来说，大数据的作用显而易见，对其未来发展将会起到非常有利的作用。在这种影响下，我国高校学生管理工作在未来几年要引入大数据，利用大数据对学生进行针对性的管理，提高高校学生管理工作的实效性。

一、大数据的内涵和具体应用

大数据是当前信息科技发展的一个热点，对我国社会建设将会起到巨大的作用。从本质上看，大数据是信息的挖掘，目标是要发现大量信息背后隐藏的规律，将之作用于社会各项事业中，推动其向前继续发展。

（一）大数据的概念

大数据是由最先经历信息爆炸的学科，如天文学和基因学等创造出来的。如今这个概念已经应用到了人类致力于发展的几乎所有领域中。大数据经过多年的发展，并没有一个确切的定义。

在公开发布 MapReduce 和 Google File System 之后，谷歌公司就向外界明确大数据不仅是一个量的概念，还是一个效率的概念。在当前的通信分析领域，大数据是一项较为前沿的技术，其概念包含数据仓库、数据分析、数据安全、数据挖掘等。大数据的商业价值已经成为信息行业竞争的焦点，大数据包括各类互联网信息，人们的各项互联网活动都可以成为大数据分析的一个对象。另外，交通工具、生产设备、工业器材等传感器传播的各类数据也成为大数据的研究对象。人们通过海量的数据，随时随地进行测量，不间断地对信息数据进行分析。利用新的处理模式，大数据具有更强的决策力和洞察力，实现流程的优化和数据的匹配处理。

随着网络设备的快速发展，大数据技术能够实现多个企业跨行业融合，创造出难以想象的经济价值，实现最大限度的社会效益。利用大数据，各行各业都可以实现自身业务的较大程度的增值，表现出前所未有的社会能力，而并非仅是数据本身。所以，大数据可以定义为在合理时间内采集大规模数据，经过处理以后帮助大量使用者采取更为有效决策的数据分析处理过程。

（二）大数据与教育领域的结合

在教育领域，大数据的价值可以在整体上划分为宏观和微观两个方面。在宏观上，大数据能够帮助教育管理部门做出适宜于整个地区或者全国的教育决策。通过将地区的教育数据整合在一起，大数据可以发现这些教育数据隐藏的规律，从而制定有针对性的教育政策，或是运用这个规律，或是对这个规律进行矫正，以达到教育活动的目的。

在微观上，大数据能够帮助教育机构实现个性化教育。通过对教育对象行为数据的整合与具体分析，教育机构能够发现教育对象背后的行为规律。

（三）大数据与高校学生管理的结合

在高校进行教育管理的过程中，有时为节约成本，同时方便自身管理，会在一定程度上忽视学生应该具有的权益。一些教职员工并未意识到自身应该具有服务意识，将大部分时间与精力投入科研事业中，缺乏对学生的引导与关爱。因此，为了实现学生的全面发展，高校要不断完善关于学生权益的规章制度及其实施程序，以及学生的成长服务机制，明确教育管理组织的服务职能，培养教职员工的服务意识，从而更好地解决学生人生发展中面临的各种问题。

怎样利用高新技术使高校学生管理工作得到更大的成果，同时高校在做出教育决策时以数据为第一意识，这是当前的重点研究问题，而一站式数据资源服务平台的建立，对高校学生管理工作产生的作用极为关键。

在大数据时代背景下，数据资源繁多，从理论上说，学校可以将学生的所有数据资源收集起来，如学生的性格特点、基本信息、爱好特长等。为了筛选其中的有效信息，高校可通过建立统一的数据标准，使资源提供能够做到无缝衔接，同时提供各种数据相应的管理服务，以预索引为主要方式，为用户提供便捷、简单、快速的资源与服务。一站式数据资源服务平台的建立不仅有助于学生的身心发展，还能促进学生管理工作水平的提高。

二、大数据时代高校学生管理工作的创新

（一）大数据在高校学生心理健康管理中的意义

当前，随着经济全球化程度的不断加深，我国正在受到西方文化的冲击，使得人们的思想观念必然发生变化，并对人们的日常生活造成一定影响。在这样的时代背景下，高校学生在面对挫折时保持理性，同时心理状态保持健康，是难能

可贵的。此外，在学习压力、家庭环境、社会环境、就业压力等因素的影响下，一些高校学生出现萎靡不振、心态失衡等问题。为了解决高校学生心理上的问题，高校学生管理工作人员应通过充分利用大数据技术的优势，实时监测高校学生的心理变化，从而在面对突发事件时能够及时干预，使其身心得以健康发展。

（二）大数据的多元化评价作用

在评定优秀毕业生、优秀班级干部、奖学金获得者等的过程中，可以通过大数据技术多元化评价候选学生。随着大数据的理念和应用的逐渐深入，通过借助先进技术，社会科学领域基本实现了从面向宏观群体转为面向微观个体，此后，对个体数据进行全面的跟踪、记录、处理、分析成为可能，这对学生的多元化评价起到了保障作用。通过捕捉学生在校园中的微观行为，如学生的课堂出勤情况、课堂互动情况、作业完成情况、竞赛参与情况、发言质量、社团活动等信息都能够生成相应的数据，有助于了解学生的情感、学习态度、人际关系、实践能力、探索精神等各个方面。

（三）大数据与高校学生的生活结合

在大数据技术的支持下，高校学生管理工作人员能够更加及时、人性化地对家庭贫困的高校学生表示关怀。通过构建贫困生认定机制，高校可以对贫困生的信息进行全面收集，随后建立完善的贫困生资助信息数据库，并及时更新各项信息，从而实现对贫困生的动态管理，并根据需求予以相应的物质援助。此外，高校可以借助大数据技术，通过一站式数据资源服务平台，对学生的各项信息如就餐消费、社会兼职、勤工俭学、学习成绩等进行整合，能够更加准确地找出需要物质援助的学生。

三、大数据在学生管理工作中的不足与改进

目前，高校学生管理工作对大数据的应用主要有四个方面的问题：其一，对数据轻视、对经验重视的思维惯性在很大程度上限制了数据收集、数据使用、数据管理；其二，缺乏大数据人才，清楚高校学生管理工作的人才未必精通大数据技术，精通大数据技术的人才又未必懂得高校学生管理工作，能够做到二者结合的人才少之又少；其三，对于大数据技术的研发与推广，高校没有将自身优势充分发挥出来；其四，高校相关部门对敏感信息的保护工作尚不到位，并且重视程度有待提高。在大数据时代背景下，数据呈种类多、总量大、多样化的发展趋势，

高校的数据利用方式与教学服务随之发生变化，怎样把握大数据时代的脉搏，充分发挥大数据带来的积极作用，已经成为亟须解决的问题。

（一）对大数据的作用加以重视

想要将大数据的优势充分发挥出来，使其成为核心竞争力，高校就需要不断尝试变革。这时，高校相关部门的领导者与决策者应有真知灼见，清楚大数据对高校发展的战略意义。在此，建议对大数据进行大力宣传，明确大数据面临的群体，加大大数据应用技术的研究投入，同时培养大数据的相关人才，完善大数据保障体系，以推动大数据应用技术的不断创新与发展。

（二）对大数据的专业人才加以培养

从相关数据得出，在未来很长一段时间内，大数据专业人才在整体上将会越来越稀缺，全球将呈现出大数据的人才荒。对于大数据人才，需要具有多种专业技能，如对大数据技术有足够的理解与掌握、对大数据的分析结论能够解读、对高校各部门之间的联系有高度的认知等。随着全球对大数据人才的越加重视，很多高校开始系统地培养大数据专业人才，并组建专业的团队。

（三）与大数据的研发企业深入合作

随着大数据技术的不断发展，其研发在得到高度重视的同时，难度也越来越大，这就要求企业在研发时需要与其他机构合作。校企合作能够互相弥补各自的不足，通过优势的结合实现共赢。高校应把握发展契机，将技术、人才集中的优势充分发挥出来，联合企业技术人员成立科研生产联合体、研发中心等，共同开发设计新产品，并合作推广科研成果，在不断创新中推动大数据应用技术的发展。当校企合作后，有助于高校教育教学改革的深化，在提高人才培养质量的同时，缓解学生的就业压力，并实现校企的并肩发展。

（四）使用大数据的同时维护隐私

整体而言，大数据技术是有益于社会进步的，但在大数据自身特点的影响下，出现了敏感信息泄露的可能。当大数据应用于高校时，涵盖的范围非常广泛，如学生的兴趣爱好、家庭状况、学习情况、行动轨迹、团体活动、社交网络等。由于数据总量过大，难免出现学生隐私泄露的可能。很多敏感数据的使用权与所有权的界定都不够清晰，很多基于大数据的分析未能很好地保护学生的隐私，这使学生的权益难以得到保障。因此，高校应通过加强内部管理，使大数据的流程与使用方法规范化，对于重点领域的数据库，应有日常的监管。

第四节 高等教育大众化背景下高校学生管理工作创新发展

随着我国高等教育的普及程度越来越高，全民综合素质有了显著提高，但是，高校学生过多对高校学生管理工作带来了巨大的挑战。在高等教育大众化的今天，传统的学生管理工作体制已经难以满足新形势的发展需求，只有通过不断改革与创新，使高校学生管理工作获得新的发展思路，才能更好地服务于高校学生，对我国的教育事业产生积极影响。

一、高等教育大众化的特点

（一）高等教育大众化与传统教育的碰撞

传统精英教育认为，只有精英才有权享受高等教育，这些精英大多家庭状况良好，或是本身天资过人。同时，传统精英教育主张高等教育存在的目的就是培养精英，如文学家、科学家等。

1. 传统高等教育受到的冲击

几百年来，随着社会政治、经济的发展，高等教育的内容、结构、职能也在不断发生变化。但是，高等教育当前遭受的压力是前所未见的，如科学技术迅速发展带来的压力。第二次世界大战后，科学技术的发展越来越快，生产力也以惊人的速度在提高，人们的生活发生了日新月异的变化。这时，为了更好地适应社会的发展，高等教育在内容、培养方式、培养目标上都应有所变化，从而培养出新时代人才。但是，相比于科学技术，高等教育改革是缓慢的，二者之间已经产生了一定的矛盾。同时，高等教育正遭受两种文化冲突带来的压力。一种是中西方文化的冲突。在引进西方先进科学技术的过程中，西方文化也随之传到我国，其中很多文化并不适应我国国情，应加以辨别，取其精华，去其糟粕。另一种是我国传统文化与现代文化的冲突。传承五千多年的中华文化是世界瑰宝，但其中一部分已经不适应现代社会，对我国现代化进程产生了一定阻碍。

2. 高等教育大众化是发展的必然

随着社会的不断进步，高等教育已经成为人们为了更好地生活与发展的手段与工具，不再具有神圣性，这符合了以人为本的理念。此后，高等教育走下神坛，为经济社会与人的全面发展服务。可以看出，高等教育走向人民群众后，人类的自身价值得到了极大的发展，实现了从精英向大众的转变。人类逐渐意识到大众是高等教育的有力支撑，通过大众参与，高等教育才能在人类改造世界的过程中发挥积极作用，同时为充实人类精神世界做出贡献。

（二）高等教育大众化必然伴随着张扬的个性

高等教育大众化的实现不仅需要物质条件的支撑，还需要高等教育体系的不断完善。同时，社会价值观念倡导个性发展，人们能够张扬自己的个性，获得符合自身需求的发展。

1. 高等教育的多元化

随着社会的不断发展，高等教育必然实现大众化。而高等教育大众化的实现需要高等教育多元化的支撑，体现在以下三个方面。

第一，社会需求的多元化。社会上各行各业对人才的要求是不同的，社会多元化的需求很难被相同模式下的人才所满足。

第二，人的智力、个性等不同。高等教育只有多元化才能满足人的各种需求。

第三，国家财力有限，多元化的高等教育、多渠道的资金支持有助于高等教育大众化的实现。

从世界范围来看，高等教育大众化与高等教育多元化有密切联系。美国学者马丁·特罗（Martin Trow）在对高等教育发展阶段进行论述时指出，高等教育必然会随着其规模的扩大而发生质的改变。对大多数人而言，高等教育大众化能够使人们获得更多的学习机会，高等教育多元化能够在很大程度上为人们提供符合自身需求的高等教育。

2. 高等教育大众化的发展高潮是个性化

个性的平等发展是高等教育大众化的基本宗旨。相比于传统的精英教育，高等教育大众化更加尊重人的个性，并将实现个性发展作为内在追求。在传统精英教育时期，个性受物质条件的影响，一直处于蒙蔽状态，其价值难以显露出来。高等教育存在的根本目标是实现人的精神自由，本质在于精神而非物质。也就是说，高等教育发展的条件是对物质需求的满足，高等教育的任务是实现精神上的满足。有效的社会制度保障有助于高等教育目的的实现。在社会普遍认可的价值观的引导下，这种社会制度得以实施，而这种价值观又在一定程度上决定了文化的存在。开展高等教育的根本目的是实现人的个性化与精神自由，力图使学生获得全面发展，在人格上做到独立自主。

3. 高等教育的进步实现个性化培养

高等教育大众化要求其规模不断扩大，机构设置越来越多样，使各类消费者的需求得到满足。因此，高校的学制、课程、学生以及高校本身都呈现出多样化发展趋势。随着高等教育体系的不断完善，教师更容易挖掘学生的潜能，并进行着重培养。当学生能够根据自身的兴趣爱好对课程进行选择时，能够在很大程度上避免强制性与盲目性，使学生根据内心的想法展现自己、充实自己。

二、学生管理受到高等教育大众化的影响

高等教育大众化并不仅意味着数量的增长，量变积累到一定程度必然会引起质变，并相应带来教育观念的改变和教育方式的创新。以前，高等教育的主要矛盾是量的供应不足。而今，人民群众的要求逐渐由“上大学”转变为“上好大学”，他们对大学的选择在增加，对优质大学的期待在提高，因此高等教育的主要矛盾势必从量的扩张转向质的提升。这就要求我们必须紧扣市场脉搏，转变人才培养模式，力求以质取胜，以特取胜，不断增强学校的办学实力、发展潜力、招生吸引力、育人竞争力，否则就难以生存发展。那么，在高等教育大众化的背景下，高校学生管理工作面临的问题和挑战主要表现在以下四点。

（一）传统人才培养受到的挑战

高等教育大众化对传统精英教育产生了巨大冲击，平民与精英的界限逐渐模糊，高等教育面对的对象也越来越宽泛。相比于传统精英教育，高等教育大众化在很多方面都有所不同，如学习年限、管理模式、培养层次、毕业资格、招生要求等。因此，在高等教育大众化的大背景下，只有明确人才教育培养的目的与定位，才能将高校学生管理工作做得面面俱到。值得注意的是，不同的高校有不同的发展倾向，主要体现在办学层次、办学规模、办学资源、办学类型等多个方面。以不同的办学层次为依据，对于人才培养目标的定位，高校应加大调查研究的力度，根据科学、合理的原则来确定不同层次、不同专业的不同培养途径，形成符合自身实际情况的人才培养模式。在高校学生管理工作中，应以培养目标为依据，在不同质量规格人才培养的基础上确定相应的重点进行教育管理，以保证教育管理发挥应有的作用。

（二）学生管理受到的挑战

在相当长的一段时间里，高校学生管理工作的主要职能都被认为是教育、管理、服务，创新教育职能往往被忽视。一些人甚至认为，高校学生管理工作与行政管理工作基本相同，只要能够保证学生的安全即可。因此，只有在特定情况下，

高校学生管理工作才能受到应有的重视。目前，部分高校学生管理工作人员的创新意识不强，对本职工作的重要性有所忽视，难以充分发挥创新教育职能。一些人认为，教育就是教学，这直接导致了教学工作的重要性远远超过学生管理工作，并且学生管理工作成效很难像考试成绩一样反映出来，使得人们不能充分认识到学生管理工作具有的育人功能。此外，高校学生管理工作人员的整体素质不高、理念有待更新，难以担负高校学生管理工作中的创新教育职能，只能受限于一般教育与管理工作层面。

（三）学生管理人员组成受到的挑战

随着几轮高校的扩招，部分高校的辅导员配置数据与国家相关规定的差距较大。高校学生管理工作人员在日常工作中过于忙碌，很难有机会进行“充电”，无法提高业务能力，队伍的整体素质有待提高。同时，由于一些高校学生管理工作人员对新知识与新科技的掌握度不高，对学生成才的积极影响有限。为了处理繁忙的日常事务，部分高校学生管理工作人员沿袭传统的工作内容、工作范围、工作方式，创新意识不足，使得高校学生管理工作中的创新教育载体与形式不足，难以与创新教育的个性化需求相适应。

随着我国越来越重视教育，受教育者逐年增多，高校为响应政府的号召开始不断扩招。从生源的角度看，民办生、成教生、单招生、统招生并存，格局复杂且多层次。从生源质量的角度看，不同的学生在能力与知识掌握程度上的差距越来越大。除此之外，对于不同培养层次以及不同的教育类型而言，从客观上讲，应采取不同的学生教育管理措施，达到因材施教的目的，从而提高工作的有效性与针对性。

（四）传统管理模式受到的挑战

传统管理模式具有强制性，管理行为具有直接性，对学生的态度较为强硬。对学生教育管理而言，规章制度纷繁复杂，虽然有大量的人力、物力、财力投入，但对学生参与管理的积极性有所忽视，在一定程度上制约了学生进行自我管理的积极性，导致学生很难形成良好的自我约束能力。传统教育模式是利弊并存的，应针对其弊端做出符合实际情况的改变。当前，一些高校已经推行弹性学制、学分制、选课制，使学生在学习方式、学习内容、学习课程、学习时间安排等方面有了很大的选择空间，自主性得到一定提高。

三、教育大众化背景下高校学生管理工作的创新

（一）管理的专业化转变

学生管理专业化的实现有助于学生管理工作的创新。随着国民经济的不断发展，人民生活日益富足，对子女的教育越来越重视，使得高校学生的数量越来越多。为了应对这一情况，高校学生管理工作正在不断地进行完善，呈专业化发展趋势。

1. 管理理论的专业化

想要确保学生管理工作的有效性与合理性，必定要使学生管理理论得到不断发展，因而应达到以下要求。

①学生管理工作人员不仅要对相关前沿理论有较高的关注度，提高对理论的掌握程度，还要通过理论对实践进行指导，实现理论与实践的有机结合。

②整合学科资源，坚持理论创新。应对关于高校学生人格健全、心理发展、管理资源、职业取向等理论进行全面整合，如心理学、成才学、教育学、管理学等，从而探索出与我国学生管理实践相匹配的学生发展理论，并通过不断实践得到完善。

③提高吸引管理学、教育学等相关人才的能力，使其投身到学生管理工作，同时对在职工作人员进行鼓励与培养，从而使学生管理工作人员的综合素质得到提高。

2. 学生网上管理的科学化

当前，大多数高校都建立了办公网站，教务部门也都设立了专门的管理系统，通过互联网对日常教学工作进行管理。高校学生管理工作应同样如此，通过综合管理系统，对学生的个人信息、学习成绩、在校表现、奖惩信息、党团组织关系等内容进行整合并统一管理。在信息化程度不断提高的今天，为了更好地对各种数据进行统计、分析，使学生管理规范化，高校应落实管理系统的建设，从而实现资源的优化、成本的降低、管理水平的提高，最大限度地提高效益。

（二）学生培训机制的职业化

当前，怎样使高校毕业生就业率得到进一步提高，是高校学生管理工作的重点关注问题。最近几年，我国高校学生数量居高不下，使得高校毕业生的就业压力越来越大。对高校来说，招生情况、学校名誉以及未来发展都会受到毕业生就业率的影响。为此，高校应通过以下途径解决毕业生的就业难题。

1. 开设职业生涯规划课程

职业生涯规划能够起到指引高校学生的作用，能够让他们正确认识自我与社会，明确个人的职业目标，并制定与自身实际情况相符的职业生涯规划，同时通过不断实践，使职业生涯规划更加匹配企业的职位设计，在根本上提高学生的职业发展能力与就业竞争力。此外，与学生自身实际情况相符的职业生涯规划有助于学生有计划地进行学习，通过强化自身优势、弥补自身不足，实现个体的全面发展。同时，能够对学生的创新创业能力起到间接培养的作用，提高学生的自信心与就业能力，甚至可能使学生走向成功的创业道路。

2. 开展专业化就业指导培训

高校应对高校学生进行多层次、系统、全面的职业规划教育，如开设职业生涯规划课程、举办模拟面试、开展心理测试、进行面试技巧指导等。通过大量的针对性教育，使学生在进入社会前得到系统的就业教育，以此为基础明确自己的奋斗目标，能够有计划地进行学习，将扎实的理论与实践进行有机结合，以提高就业竞争力，在进入社会后获得良好的发展。

参考文献

[1] 李玲．高校学生管理工作创新研究 [M]．长春：吉林人民出版社，2020．

[2] 杨潇．高校学生管理工作与法治化研究 [M]．北京：北京工业大学出版社，2021．

[3] 刘青春．信息时代高校学生管理模式的转变及创新 [M]．沈阳：辽宁大学出版社，2021．

[4] 刘燧．新时代地方高校学生管理与辅导员工作创新研究 [M]．长春：吉林大学出版社，2021．

[5] 王新峰，盛馨．信息化思维下的高校学生管理 [M]．长春：吉林文史出版社，2016．

[6] 王瑛．高校学生管理创新模式研究 [M]．长春：吉林大学出版社，2016．

[7] 胥文勋．大数据时代高校学生管理工作信息化建设现状与对策 [J]．绵阳师范学院学报，2016，35（01）：53−56．

[8] 王婧．大数据时代高校学生管理工作的挑战与对策分析 [J]．思想政治教育研究，2014，30（02）：128−130．

[9] 黄厚明．书院制与住宿学院制高校学生管理模式比较研究 [J]．高等工程教育研究，2010（03）：108−113．

[10] 房文娟，何如海．基于独立学院学生特点的教学管理研究 [J]．安徽农业大学学报（社会科学版），2009，18（02）：92−95．

[11] 储祖旺，蒋洪池．高校学生事务管理概念的演变与本土化 [J]．高等教育研究，2009，30（02）：86−90．

[12] 陶应勇．高校学生群体性突发事件成因分析及应对策略 [J]．河南师范大学学报（哲学社会科学版），2008（04）：215−217．

[13] 李安英，樊习英．关于高校学生社团管理与教育问题的思考 [J]．教育探索，2007（03）：12−14．

[14] 蔡红梅．高校学生管理模式创新研究 [J]. 求索，2004（05）：180–181.
[15] 秦惠民．依法治校的高校学生管理制度特征 [J]. 中国高等教育，2004（08）：13–15.
[16] 刘毓．以人为本：高校学生管理的重要模式 [J]. 教育探索，2003（05）：55–56.
[17] 赵蕾．立德树人理念下高校学生管理工作研究 [D]. 大庆：东北石油大学，2014.
[18] 黄燕．文化视野下的中美高校学生事务管理比较研究 [D]. 上海：华东师范大学，2013.
[19] 李炎清．基于项目管理的大学生活动管理研究 [D]. 武汉：华中科技大学，2011.
[20] 罗妍妍．新时期高校学生社团管理模式创新研究 [D]. 成都：西南交通大学，2010.
[21] 昌兵．新形势下高校学生管理工作面临的问题及对策 [D]. 济南：山东师范大学，2007.
[22] 孔德民．转型期高校学生突发事件管理中的预警机制探索 [D]. 上海：华东师范大学，2006.
[23] 张向东．大学生参与高校管理理论与实践研究 [D]. 南昌：江西师范大学，2006.
[24] 卢吉超．社会转型期高校辅导员队伍建设与管理研究 [D]. 上海：华东师范大学，2005.
[25] 吴正龙．高校学生管理工作创新研究 [D]. 武汉：华中师范大学，2004.